花果山

Huaguoshan

赵鸣 著

江苏凤凰美术出版社

符号江苏·口袋本

图书在版编目（CIP）数据

花果山 / 赵鸣著. -- 南京 : 江苏凤凰美术出版社,
2017.1（2019.7重印）
（符号江苏·口袋本）
ISBN 978-7-5580-1517-5

Ⅰ. ①花… Ⅱ. ①赵… Ⅲ. ①山－介绍－江苏 Ⅳ.
①K928.3

中国版本图书馆CIP数据核字(2017)第006473号

责任编辑　郭　渊
助理编辑　王　煦
责任监印　朱晓燕
装帧设计　曲闵民

书　　名　花果山
著　　者　赵　鸣
出版发行　江苏凤凰美术出版社（南京中央路165号　邮编：210009）
出版社网址　http://www.jsmscbs.com.cn
排　　版　江苏凤凰制版有限公司
印　　刷　合肥精艺印刷有限公司
开　　本　787 毫米 × 1092 毫米　1/32
印　　张　6
版　　次　2017年 1 月第 1 版　2019年 7 月第 2 次印刷
书　　号　ISBN 978-7-5580-1517-5
定　　价　30.00元

营销部电话　025-68155790　营销部地址　南京市中央路165号

目录

CONTENTS

前言

《西游记》开篇写道："这部书单表东胜神洲，海外有一国土，名曰傲来国。此山乃十洲之祖脉，三岛之来龙。海中有一座名山，唤为花果山。……那座山，正当顶上，有一块仙石……盖自开辟以来，每受天真地秀。……（一日）见风，化作一个石猴。"

这段充满着奇幻神异色彩的花果山的来历和石猴出世的故事，是妇孺熟知的《西游记》情节，而神秘的"东胜神洲傲来国"究竟在何方？也引发了无数读者的好奇和猜想。我们不妨来江苏连云港花果山转一转、看一看，满足自身的好奇，寻访一下心中的梦想。

第一章 花果山的前世今生

江苏连云港位于中国海岸线的脐部，江苏省东北部，是中国四十九个重点旅游城市之一。云台山风景区为国家级森林公园，横跨整个连云港市区，花果山为云台山一百三十六个山峰中的一隅。它是云台山风景区的核心区，位居南云台山的中段，目前总面积为三十九点四平方千米。景区内最高峰玉女峰，又称“青峰顶”，海拔六百二十四点四米，是江苏省内的“珠穆朗玛峰”。

云台山的花果山，秦汉时期为郁州山，唐宋时期又称苍梧山，原名青峰顶，濒临浩瀚的大海，耸立于中国沿海中部，素以“东海第一胜境”著称。这里山高水长、古木参天、怪石嶙峋、涧深洞幽、松青竹翠，真乃“十洲之祖脉，三岛之来龙”的天下名山。从二千多年前的《山海经》到一千四百年前的郦道元的《水经注》，都讴歌了这座耸立云霄、脚踏波涛的“海上仙山”。17世纪中叶以前，花果山依然是海中列岛之一，坐落于海中，四周海水浩瀚，山中群山如黛，赢得无数文人墨客吟诗讴歌。到了康熙五十年，即1711年，由于黄河改道和地壳变动等原因，海水退去，才使花果山逐步与大陆连成一片。

花果山曾被誉为海内四大灵山之一，是江苏苏北道教的发源地之一。隋唐以后，这里寺庙观院遍布山巅岭顶，仅青峰顶就有大小寺庙三十六座。每年正月十五日，朝山进香的善男信女络绎不绝，最多时达两万余户。其中花果山半山上的三元宫发迹于唐、重建于宋、敕赐于明、兴盛于清，一直是山中著名的香火胜地。三元宫前山门上的“敕赐护国三元宫”为明代遗物，传闻为皇帝所赐。明嘉靖年间，花果山道教兴盛，道士云集达两万之众，花果山又被誉为“七十一福地”。明清诗人墨客到处吟诗作赋，镌刻题勒，形成云台山三十六景之一的“灵山香会”。这个地方风俗一直延续至今。

花果山四季云雾缭绕、雨水丰沛、气候温暖，故有“四时好花常开，八节仙果不绝”之誉，是名副其实的花果仙山。这里有中国四大观赏名竹之一“金镶玉竹”、江苏为数不多的楸树林、江苏四大名茶之一的“云雾茶”，以及猕猴桃、人参果、银杏、板栗等特产。特别是冰封雪飘时才能成熟的“冬桃”，较为罕见。相传为花果山三元宫和尚世代精心培育而成，分布在海拔四百米左右的山中，是桃中珍品。正如明万历年间进士、户部中郎唐伯元在《游青峰顶记》中所描述的那样：“海上秋冬之候，草凋木落，独此山居翠微间，延袤数里，皆茂林修竹，四季常青。又顶上泉沃，处处皆湿履，草润如春夏。”

花果山景色秀丽，风物遍布，颇具神话色彩，主要景点有一百多处。在那奇峰异石的峰巅，飞瀑急湍的涧底，状若华盖的古木之下，处处都能寻觅到与《西游记》故事相关联的踪迹。如猴王出世的娲遗石、大圣招兵的水帘洞、练就金刚不坏之躯的老君堂等。还有那惟妙惟肖的猴石、八戒石、沙僧石、南天门、点将台遗址，以及唐僧家世碑、陈光蕊遗冢……这些自然景观和历史遗存，与《西游记》中的描写处处相似、相互辉映。新世纪以来，花果山紧紧围绕《西游记》主题对景区进行开发建设，新增了怪石园、墨香小径、大圣佛、猴王园、多宝佛塔、瑶池、猴苑、鹿苑、神路、天下第一巨字“神”字等，都是独具匠心的成功之作。可以这样说：花果山是《西游记》里孙悟空老家的原型，众多的胜迹为《西游记》创作提供了丰富的素材，而名著《西游记》又使花果山增姿添色，名扬天下。

花果山为连云港市旅游景点中的经典佳作。“云台山三十六景”中的主要景点大多分布于此，古建筑、古遗址、古石刻及历代名人的游踪遍布山间。多年来，花果山遵循“科学规划、统一管理、严格保护、永续利用”的原则，以山为龙头，以自然生态为主线，突出《西游记》“孙大圣老家”这一主题，景区面貌有较大改观。自1979年至今，景区已建成了与一百多处《西游记》相关联的景点，如三元宫、风门口、水帘洞、玉女峰、玉皇阁等，

玉皇阁（摄影：范永梅）

开发了墨香小径、中国第一汉字——“神”字王、五圣广场、孩儿门乐园等景点。每年秋季还举办《西游记》文化节，举办体育、演艺、研讨等文化交流活动，广邀天下宾客来花果山做客，形成了导游、餐饮、商业、旅馆、交通等相互配套的服务体系。2002年3月和9月，花果山风景区分别被评为国家级AAAA风景名胜区，被授予“全国文明风景区旅游区示范点”称号。2005年1月，花果山省级地质公园通过专家评审。2006年，花果山在“全国最值得外国人去的五十个地方”评比中荣获金奖。2006

年6月，花果山风景区开始申报国家AAAAA级风景区。2009年，“花果山传说”入选江苏省第二批非物质文化遗产名录。2014年1月，花果山景区为确认为国家级地质公园。2016年8月，花果山获得国家旅游局授予的AAAAA级旅游景区称号。随着花果山旅游环境的改善，软硬条件的不断提升，中外游客纷至沓来，每年游客接待量一百多万人次，并逐步成为《西游记》中所称道的“天下名山”。

第二章

城中宝石花果山

花果山地处我国海岸线的脐部，假如人们要登山望海，来花果山是再合适不过了。站在花果山玉女峰顶，既可以东眺大海，山海相拥，一望无垠，山海与天际一色；也可以西望港城，山环水绕，云蒸雾绕，高楼与绿地为邻。这里海洋与大陆交汇，是我国南北两个自然气候过渡带交叉点。四季分明，寒暑宜人，光照充足，雨量适中，年平均气温为13.2℃—13.9℃，夏季可洗浴时间一般在80天，全年无霜期204—221天，是我国沿新亚欧大陆桥的中西部省区和江苏省最具特点的滨海旅游目的地之一。

市区境内平原、大海、高山齐全，河湖、

丘陵、滩涂、海岛聚集，分为西部岗岭区、中部平原区、东部沿海渔场农业区和山港城区等四大部分，如同一张中国地形图。云台山从东到西，横卧在市区中，城市依山临海，环山而建，山城相拥。花果山如同一块绿色的宝石镶嵌在城市中央，山在城中、城在山边的地理特点在江苏是唯一的，在全国也不多见。

花果山物华天宝，是江苏省动植物物种最富集的地区之一。全市的野生植物主要有药用植物、饲草类植物、纤维类植物、香料类植物、油脂及树脂类植物、淀粉类植物、野生蔬菜类植物、花木植物和食用菌类等十大类，共计一千二百七十余种。如红楠、金镶玉竹、四照花、玉玲花、银杏、白玉兰、蜈蚣兰等。其中蜈蚣兰是国家一级保护物种；玉玲花是2015年江苏植物普查时发现的，为江苏唯一分布区，填补了江苏植物志的空白。全市千年以上银杏树有十多棵，主要分布在花果山三元宫周边。东磊白玉兰树龄在八百年以上，为全国之最。昔日贡品花果山云雾茶为江苏四大名茶之一，与南京雨花、苏州碧螺春和无锡二泉银毫齐名；云雾茶制作技艺入选江苏非物质文化遗产保护名录。2005年2月23日，连云港市十一届人大第十五次会议决定，将银杏定为市树，玉兰定为市花。山中的野生动物繁多，原生、腔肠、扁形、线形、环节、软体、节肢、脊椎等各门类的动物均有分布，共计三千多种。其中国家级二级保护的珍稀鸟类有蓝翅八哥、小稚鹃、黑鹳、黑脸昆、鹭、猴面鹰、花脸鸟等。前三岛素有“江苏鸟岛”之称，每年南来北往的候鸟都选择在此中转落脚。

花果山山麓的连云港是一个古老而又年轻的港口城市。说她古老，是因为这里原名海州，建城历史至少可以追溯到二千年以前的秦汉时期，素以“淮口巨镇”、“东海名郡”著称。说她年轻，是因为现代连云港市的设立还是民国时期的事，距今只有近百年的历史。世界著名港口——连云港港始建于1933年。在20世纪初，中国新民主主义革命先驱孙中山先生在他的《建国方略》中明确提出：要将连云港建成上海和青岛之间的可容航洋巨舶的二等东方大港。20世纪80年代，连云港作为首批中国十四个沿海开放城市，榜上有名。目前港口年吞吐量超过二亿吨，集装箱超过五百万标准箱，与世界一百二十多个国家和地区有通航贸易往来，火车可通过新亚欧大陆桥直达中亚和欧洲各地，已经成为中国丝绸之路经济带的东端起点，也是江苏省对接国家“一带一路”的重要节点城市之一。

花果山文化积淀丰厚，传承历史悠久。山中的花果山传说为江苏省非物质文化遗产保护名录项目之一，广泛流布在江苏区域，孕育出了吴承恩的《西游记》。这里的一草一木一石擦出的思想火花，成就了吴承恩的传奇华章，真可谓“一方文化孕一方情”。花果山中的阿育王塔是江苏苏北地区最古老的宝塔，为江苏苏北保留下的佛教遗物，被列入国家级文物保护单位。山下飞泉侧的唐隶宋篆，保存完好，记载了地方文化的史实，也被确认为国家级文物保护单位。2014年10月，连云港市政府通过并印发了《连云港山海文化生态保护实验区总体规划》，将花果山文化列入城市发展的重点保护和发展内容，倾心打造江苏文化传承生发的亮点工程。今日的花果山如同一块绿色的宝石镶嵌在江苏大地上。

第三章 传说里的花果山

花果山文化积淀深厚，当地的地方民间传说丰富多彩，流布甚广。其中《石猴出世传说》《猴嘴石传说》《金箍狼牙石传说》《猪头石传说》《十八盘传说》《三元传说》《水

花果山山门雕塑（摄影：赵鸣）

帘洞传说》《七十二洞传说》《拐杖柏传说》《南天门传说》等民间故事既离奇动人，也富有生活气息，在当地百姓中以口头形式代代相传、传播流布。我们这里选择几个，介绍给大家。

第一节　孙猴子的身世

出新浦沿港城大道向东前行十五千米，在公路南侧的山峰顶上，矗立着一块半身猴石，

凤托金猴雕塑（摄影：赵鸣）

猴石（摄影：赵鸣）

娲遗石（摄影：赵鸣）

是历来为人们所注目的地方。石猴面山而坐，整个头部与后面的崖壁相连。凡观赏过猴石的人无不叹为观止。它头部略呈圆锥形，尖嘴削腮向外突兀伸出，眼窝深陷，双耳微耸，头部与身体为两块巨石相叠，脖颈分明，头身比例匀称，形态逼真，十分传神。

众人都说它是孙悟空老家的看门猴，遂把这座山取名猴嘴山，山下的镇名为猴嘴镇，猴石对面的山坡上建有“观猴亭”。在民间，有人说它是花果山的“看门猴”，有人说它是猴王朝的族徽。在亭中看石猴最为传神。这块浑然天成的猴石，很早就成了云台山的一景。《云台补遗》中有这样的描述："在新县西十里桃花涧相接连。山顶巨石壁立，忽开两扇，宛然似猴坐东南面……"乡土诗人张学瀚赞曰："茅君酒饮醉初醒，化石三年性最灵。磴结须眉能肖景，天生口鼻有奇形。回头雨洒三声泪，放眼云封两点星。若待猱升依古木，月明偷果梦中听。"

在花果山地区，至今流传着与《西游记》话外的故事，特别是有关孙猴子的家世有多种传说。有人说孙猴子是玉皇大帝指派亭亭玉立、年轻美貌的女娲，用石填补天缝，当女娲

猴趣（摄影：范永梅）

把天缝修补填齐之后，已经筋疲力尽，便坐在余下的一块大石头上休息。不巧，此时女娲正来经血，便流到了这块石头之上。不久，玉帝指派太上老君去查看女娲补天情况，也正巧坐在这块石头上。情不自禁地，细想花容月貌的女娲时，一时激动，便泄了精血，淌在此石上。这样一来，此石便有了孕。经过若干年后，石头炸开了，迸出了猴子。在《西游记》第七回“八卦炉中逃大圣”中，孙猴子被押送太上老君的八卦炉中准备炼化成灰烬时，故手下留情，把孙猴子放在炉里的风门口处，虽炼了七七四十九天，不但没有把孙大圣炼成灰烬，更没有伤了孙猴子一根毫毛，反而使他炼成了火眼金睛。乡人都说是因为太上老君，感到孙猴子与他有情缘，是孙大圣的父亲。

还有人说：天下神仙男女都不能相爱通婚，观音菩萨是个女的，她与太上老君相好，怀了身孕。因多日不见太上老君，便下了天庭，走出了南天门，来到花果山，坐在这块石头上。这块石头得了日月精华，过了若干年以后，有一天，石头炸开了，滚出来了一只猴子，即变成了后来的大闹天宫的孙悟空。

第二节　宰相府的故事

花果山下的小村是《西游记》中唐僧的外祖父殷开山的故里。小说《西游记》中所说的宰相殷开山是唐僧的外祖父，传说他的宰相府坐落在小村的水库北边，与小村的东山和北山相连接。据史籍记述，历史上的唐宰相殷开山并非是海州人，而在云台山小村一带有殷开山宰相府的传说。在《西游记》中，殷开山和唐玄奘的籍贯都被吴承恩因花果山间的传说而写成海州人氏。据《嘉庆海州直隶州志·山川》所载姚陶《登云台山记》刻石中所说："小村为唐宰相殷开山故里，殷有女赘陈状元光蕊为婿……盖世俗相传也。"尽管如今已难觅宰相府的遗迹，直到明清时期，宰相府遗址仍是青峰顶朝山进香的人们喝茶休息的处所。

在修复三元宫之前清理原址废墟时，出土了十多块石碑。其中保存最完好、字迹最清楚的一块，是清康熙二十四年（1685）的修庙记事碑。碑中写道："三元大帝，溯及从来因知：帝父姓陈氏，讳光萼，唐贞观时状元，诞

唐僧崖（摄影：赵鸣）

育三元，圣躬东海……”从这段记载我们可以知道：三元大帝的父亲是唐朝李世民那个时代的状元，而《西游记》里写的唐僧，他的父亲叫陈光蕊，也是李世民那个时代的状元。由此可见，这里的三元大帝，与《西游记》里面的唐僧有一定的渊源关系。

在宰相府东北方约三四百米处有座旗杆夹，这个旗杆夹有两种传说。一种是那时村西是海，这里整天在旗杆上挂旗，是引海船避风的航标。另一种说法是殷开山宰相府竖旗用的。这个地点古时曾屯过兵，所以叫大营。

在宰相府的原址处，1979年村民伏广友在刨山土时刨出了天宝年间的一把短剑，长约四十厘米，收藏在市博物馆内。在深挖洞的年代也刨出过一些断砖碎瓦。小村的北山有个桃花涧，传说当年殷宰相的女儿蕴娇在那行医施药，从不取值，病愈者栽植桃树两株即可。不多年这里就桃树成林，桃花涧更因殷蕴娇而得名。历来人称她为桃花仙姑。

这一民间流传也印证在花果山上的唐僧崖石上。它位于三元宫东面的老虎崖上部峭壁上。由三元宫停车场东望，即可见两个

“人”：有一尊天然的唐僧石像，头戴僧帽，身着袈裟，五官端正，慈目祥面，身躯肃立。在他左边站着的是孙悟空，猴头猴脑，伸头与唐僧低语，好像在告诉师傅，前面密林中有妖精。据专家解释形成的原因主要是片麻岩经过长期的风化和水流的不断冲击，形成了一条条纹理，远远看去就像袈裟的衣纹，襟摆垂袖，可谓天工巧成。

第三节　沙僧石的传说

连云港市花果山北坡，从猴嘴镇向东不远有一个地方叫沙河口，它对面山坡上有一块天然巨石，远看如和尚打坐，近看似僧人上山，人们都叫它“和尚石”。传说这里就是沙和尚出家的地方。民间流传着这样一支歌谣：天上天河九道弯，地上沙河九里宽。九道弯里住神仙，九里沙河锁鱼官。天河沙河源相连，鱼官也能做神仙。

那还是很久很久以前，东海龙宫有一位沙将军，他力过千斤，武艺超群，为龙王屡建奇功，被封为龙宫护驾将军。他与小龙女自幼一起长大，常在金涛银浪中嬉耍，多在珊瑚玉树间幽会。小龙女爱沙将军诚实勇敢，沙将军爱小龙女温柔多情。他们山盟海誓，私订终身。

时间如流云，不觉小龙女已身怀六甲。事情被快嘴虾婆知道，便传到老龙王的耳朵里。气得龙王五脏冒火、七窍生烟，立即把沙将军传至内宫考问。沙将军知道隐瞒不下去了，便一五一十地承认自己对小龙女的一片真情。这既乱了宫规，又不配门第，龙王盛怒之下将他推出宫外问斩。龙宫内外如房断中梁，似大海决堤，虾兵蟹将慌作一团，只有龟总兵平时与沙将军甚厚，又念其功勋无数，便冒死向老龙王请求，才使沙将军免去死罪，被贬出宫，锁在花果山下的沙河里。

一晃数月，小龙女已到十月临盆的时候，龙后乘龙王去南海聚会之机，偷偷把小龙女送到沙河边。小龙女见沙将军甲破鳞伤被锁河底，便哭昏在沙将军面前。哭声惊动了花果山上的孙大圣，他来到沙河边问明了情由，深为不平。沙将军跪在孙大圣面前哭求大圣相救。在大圣保护下，龙女竟一胎产下无数的小沙光鱼，他们围在父母身边快乐地游弋，煞是可爱。大圣也连蹦带跳，抓耳挠腮。

大家正高兴时，老龙王从南海归来，一见此景立即张牙舞爪，吼声震天，恨不得一下把他们全部打死。龙王爪推乌云，口喷烈焰，只听半空中一声炸雷，把龙女打昏在地，沙将军和那些小沙光鱼全被打落河底。孙大圣看在眼里，怒在心中，拿出金箍棒便向龙王打去，与龙王交战。

孙大圣与龙王拼杀数日，那龙王渐渐支持不住，便一头扎进大海，逃回龙宫。大圣回到沙河，到河里救出沙将军。沙将军非常感激孙大圣，去查访龙女的下落。后来他得知龙女已出家连云港的龙洞庵，自己又无处存身，便来到花果山，经大圣引度，跟唐僧当了和尚。

几易沧桑，昔日茫茫的大河淤积成陆，如今在花果山下只剩一条蜿蜒的小溪流向大海。沙河口成了公共汽车停靠站，那对面山上的"和尚石"，至今却仍正襟危坐，阵阵松涛声好像传来了沙和尚虔诚的诵经声。孔望山上的龙洞庵，虽屡换庵主，但那龙女避难的"龙洞"却依然存在。只有那些河沟海汊中的沙光鱼，每遇惊雷，总要钻入沙底，仍保留了当年惧怕龙王的传习。

第四节 拐杖柏趣闻

柏也称“扁松”或“垂柏”。柏的心木呈紫色，香气颇浓。过去连云港乡民有在中秋晚上和过年除夕烧大香的习俗。将柏树锯成六寸左右木段，剖去树皮，外染红色，再劈成木条，称此为“大香”。架在铁香炉里焚烧，叫“烧大香”。庵堂寺庙逢会时，也烧此大香。

花果山三元宫门前的那棵柏树，当地人称之“拐杖柏”。它经历了一千二百余年的沧桑洗礼，树干的下半截深度坼裂，下部腐朽几乎仅剩半圆的躯壳，整个树体仅靠树皮韧皮部输导有限的养分维持生命。然而树上部分长势尚好。近看，繁茂的枝叶盘曲缠绕，恰似游龙横空；远视，犹如一柄龙头拐杖摇摇欲倾。在海拔四百二十米的山地上幸存至今，实属罕见。1992年春，当地园林部门先后为“拐杖柏”设置了护栏和钢管托卡，并挂牌立档。1995年又刻石立碑，使这株千年古柏得到有效保护。

三元宫前千年拐杖柏（摄影：赵鸣）

这株长寿古柏在当地还流传一个故事。传说当年孙悟空到天上去混了个“弼马温”的差事，后来知道让他当这个官，只不过因为把猴子放到马群里，可以避免马生瘟，是“避马瘟”的谐音。孙悟空气得暴跳如雷，搅乱了蟠桃会，大闹了天宫，就回到花果山来了。玉皇大帝派天兵天将轮番来花果山讨伐孙悟空，打来打去也未分出个高低。孙悟空口口声声要当齐天大圣，要和玉皇老儿一般大。后来有人向玉皇大帝建议赏他个齐天大圣，省得他惹是生非。玉皇大帝听之有理，当即派太白金星来花果山下凡招安。太白金星就是拄着这根拐杖来的，他把来意向孙悟空一讲，孙悟空顿时高兴万分，又蹦又跳，抓耳挠腮，又顺手抢了太白金星的拐杖舞弄起来。这根拐杖远不如他那根金箍棒结实，舞着舞着一使劲，拐杖裂开了。太白金星一看，拐杖开裂，用也不能再用，讲还不能多讲，只好忍气吞声，悄悄地将拐杖插在这古庙门前回天庭了。有灵性的拐杖，入地生根，长成了“拐杖柏”。

第五节　金箍狼牙石的来历

金箍狼牙石来历可不简单。相传孙大圣去西牛贺洲访道学仙，幸得樵夫指点去灵台方寸山。孙大圣与斜月三星洞的菩提祖师有缘，收下为徒后，起了个法名叫作“孙悟空”。由于他虔诚修行、悉心事佛、忠心不二，能悟彻菩提祖师真妙理，很快得道成仙，修成正果。

孙悟空告别老师，仍然回到花果山水帘洞，奉行他的惩恶扬善的宗旨。但觉着没有锋利尖锐的武器不足以保卫花果山，于是到东海龙王那里去借兵器。老龙王敖广先后拿出“大杆刀”、“九股叉”，又拿出“画杆方天戟”，孙悟空均嫌轻不称手。龙王没有办法，遂将大海中的那块“天河定底神针铁”推荐给他。这是大禹治水之时测定江海深浅的一个定子，是块神铁。孙悟空试后非常满意。该棒重一万三千五百斤，神就神在能大能小，能长能短，能粗能细。大到没处放，粗得斗来粗，长就长万丈，小如一根绣花针，可塞在耳朵里藏得下。真是妙不可言。

孙悟空就是用了这根“如意金箍棒”作武

如意金箍棒（摄影：李正东）

花果山定海神针（摄影：赵鸣）

器保护唐僧去西天取来了真经。一路上战胜恶魔，只要舞起如意金箍棒，神鬼皆惊。功德圆满后，回花果山水帘洞安享晚年，牧马南山，遂将这根“如意金箍棒”插在了花果山的山沟里，成了现在花果山的金箍狼牙石。

第六节　猪八戒的传说

花果山怪石嶙峋，奇洞勾连，有洞洞出妖精一说。在位于照海亭南二百米处有一节点叫一线天，是由许多巨石和洞穴连接组成的一处景点，是明代三十六景之一的“石壁洞天”和清代二十四景之一的“天通一线”。一线天的主景是两块几十米高的巨石互相支起，人行其间，可看到上面露出的一线蓝天，奇险奇趣，前人有诗赞它是“巨石崔巍立两边，神工削出费周旋。撑开半壁斜阳影，露出中间一线天”。近年有人研究，认为在一线天的入口好像是女性的生殖器，是地母崇拜现象。

步入石缝中，可见两石相夹，高十数丈，底部相距只有尺余，可容一人侧身而过。两块巨石交其头而离其身，石缝虽窄而长，其中可

一线天（摄影：赵鸣）

容数十人，从缝中仰望石外，天光细如一线。从远处看组成一线天的石头好像一头老猪头戴尖顶僧帽，一只大耳朵紧贴腮边垂挂着，嘴巴伸得长长的噘在树丛里，鼻子微翘，眼睛眯缝着，似乎在睡觉，老猪贪吃懒睡的性格一览无余。传说猪八戒就是从当地的野猪精脱壳而来。

事实上，猪八戒这角色，早先在坊间流传的唐僧取经故事里，连个影子也没有。吴承恩写《西游记》的时候，开初也没有想到老猪，是后来加进去的。他为啥要写猪八戒呢？连云港花果山当地人说：当年吴承恩在云台山上写书的时候，常到各个山头转转看看。

有一天正转着，迎面走来一个打猎的老人。老猎人见到吴承恩说："先生，上山看景哪？"吴承恩顺口回答说："正是，正是。"老猎人毛遂自荐带吴承恩看景。转到一处，他指给吴承恩看一处奇景：在一座说高不高、说矮不矮的岭子尖上，顶着一块好大好大的石头，这块大石头的样子活像一个大猪头，嘴巴噘着，眼睛眯着，大耳朵耷拉着，好像正在睡觉。老猎人告诉吴承恩，那大石头有个名字，叫“猪头石”；只有站在这儿看，才像猪头的模样，别处看不像。

吴承恩连声赞叹说：“奇景！奇景！”老猎人讲了猪头石的传说。传说这山上有七十二个洞，洞洞有妖精，内中一个洞里头，住的是野猪精。这个野猪精相貌丑陋，又懒又馋，各洞妖精都瞧不起它，免不了受欺侮。十回八回以后，野猪精受不了啦，想练本事，揍他们！他砍砍剁剁，自己动手做了九齿钉耙，跑到僻静地方，练，练，练！练了八八六十四天，觉得本事可以了，就去骂阵。一骂，各洞妖精来气了，统统都窜了出来，围住野猪精，要把他逮住吃掉。野猪精也不含糊，舞动钉耙和众妖对打，打死了好几个小妖，但终究寡不敌众。他杀开一条血路，朝山下逃跑。众妖跟在后面紧追，还一齐喊：“抓住野猪精！抓住野猪精！”

野猪精眼看跑不掉了，正在危急关头，正巧有个石猴精从外面回山，听到喊声，抬头一看，见许多妖精追赶一个黑傻大个，心想：这不是明摆着欺负人吗！便跳上去举棒就打。石猴精没费多大劲，把众妖精打得死的死、亡

花果山八戒石（摄影：赵鸣）

的亡，剩下几个逃命去了。野猪精得救后，感激不尽，就跟石猴精拜上把兄弟。自从有了石猴精坐镇，山上十分平安。哪知日子一长，野猪精又犯了又懒又馋的老毛病，睡了吃，吃了睡，吃饱睡足以后，就跑到一个天池里去洗澡。依仗有本领高强的“猴哥”撑腰，他胆子大了，想洗就来洗，想玩就来玩，气得众仙女纷纷跑到王母娘娘跟前告状。王母娘娘一生气，就派东海龙王三太子前来捉拿野猪精。龙王三太子与野猪精从晌午打到傍晚，打得野猪筋疲力尽，浑身发热，就跑到岭子尖上睡觉乘凉。不想一觉睡下去，再也没有睡醒，后来就变成了“猪石头”啦！老猎人讲的故事，吴承恩觉得挺有趣。心里一高兴，就把野猪精变化变化，改装改装，写到《西游记》里了。

第四章 花果山的时令风物

第一节　海蚀洞穴

花果山是国家级风景名胜区，也是国家级地质公园。它是由花果山、渔湾—东磊两个园区组成，界定面积二十九点九平方公里。

花果山地质公园地处我国一级大地构造单元秦岭褶皱系大别——苏胶褶皱带的苏北——胶南背斜之上，是目前中国确认的切割深度最大的断裂之一，位于“苏鲁造山带”区内，地层岩性是变质岩，呈现片理、片麻理发育。花果山地区变质岩以浅粒岩为主，属中新元古代（距今十一亿至八亿年），夹有较多的基性岩脉体，被命名为“云台岩群”。

公园地处苏鲁造山带的东部，区内主要地层出露为新太古代——中元古代，地层岩性均为变质岩，片理、片麻理发育。经历漫长的地

几十亿年前的花果山海浸石（摄影：赵鸣）

质演化和三叠纪再造山作用，地质公园区域内形成了许多形态各异的地质遗迹自然景观。它既有崩塌和滑坡的地质现象、海蚀洞穴、怪诞岩石，也有瀑布、跌水和甘泉。这些创造了花果山旖旎风光，具有极高的美学和观赏价值。

海蚀洞穴是研究全球海平面变化的天然课堂和试验场，这种地质遗迹在环太平洋沿岸都很少见到，它是研究地壳升降、海平面变化的重要依据。在整个云台山中，从地处海平面的连岛苏马湾，到花果山、大桅尖等海拔四百米的高程位置都有形态各异的海蚀洞穴。特别是花果山照海亭仙径侧不远，留有一处海蚀洞穴，据专家介绍，这是云台山最高位置的海蚀洞穴。

花果山地质公园于2005年通过省级地质公园命名验收，经过多年的开发建设，于2014年1月正式通过国家级地质公园命名，这标志着花果山国家地质公园的正式设立。

第二节　花果山奇观

花果山神山，奇观迭出。花果山是江苏

落日中的云台铺海（摄影：范永梅）

玉女峰朝霞（摄影：范永梅）

玉女峰冬日日落（摄影：范永梅）

玉女雕塑（摄影：范永梅）

吉祥玉女（摄影：李正东）

冬天玉女（摄影：范永梅）

玉女峰云雾（摄影：李正东）

玉女峰“遥镇洪流”题刻（摄影：赵鸣）

省观大海日出的绝佳之处。每日黎明，登临花果山玉女峰，观日出东方，蔚为壮观，锦绣壮美，已成游览花果山的一项重要内容。登顶后，游客可见：四周峰峦沟壑，尽收眼底；极目四眺，农田盐田色彩斑斓，俯伏脚下；城市港口浮若游云，若隐若现；更有磅礴之势的日出让人叹为观止。明清时曾有“山楼望日”、“红涛浴日”之说，被列入云台山三十六景之一。

花果山的另一个奇观是“云台铺海”。在有风的日子里，云台山上的云层，时上时下，时远时近，有时忽然大片云彩向人们扑来，顿时便如入五里雾中，尝到了腾云驾雾的神仙滋

云台铺海（摄影：范永梅）

云台铺海（摄影：李正东）

味；有时风停雨歇，云台群山铺上厚厚一层白云，白云翻滚好像海水扬波，露出的山峰就像大海里的蓬莱仙岛，那时隐时现的庙宇亭台便犹如神仙宫阙一般了，真是“山如驾海海围山，山海奇观在此间。乘兴时来一登眺，恍疑身世出尘寰”。

“灵山佛光”也是花果山难得见到的一景。当清晨云雾袅绕，太阳刚刚露头，借着阳光挥洒云雾上的瞬间，端坐崖头，经常可以见到佛光显灵。在玉女峰侧的碑概括了这一景点的历史和现在。碑文写道：“云台山为泰山余脉，连绵百里。其突兀而起者玉女峰，乃江苏之巅，海拔六百二十四点四米。登临远眺，惟

玉女峰佛光（摄影：李正东）

见群山俯伏，碧野苍茫，浅岑行云，洪波浴日，盖古传蓬莱，方丈、瀛洲之地也。”

第三节　唐隶宋篆

在花果山下有一处国家级文物保护单位，叫郁林观石刻群，代表着花果山地区中国传统书法文化的经典。业内专家称之为“小碑林”。

郁林观坐落花果山下五圣广场南的狮子崖，距广场四百米左右。这里山体俊秀如画，四季泉水叮咚，山石错落叠加，给人深邃神秘之感。它背依狮子崖，面对海清寺，原有一座建于隋开皇年间（581—660）的道观。唐代开元初年东海县令元暖在任时，亲自整治，把已经荒废的名胜修缮一新。所以自唐宋以来，这里一直是云台山的重要旅游景点。无数达官显贵、墨客骚人纷纷来此吟诗作赋，刻石题勒，以表纪念。这座道观虽于清代裁海时被废，但其周围留存在峭壁上的无数石刻，却是极为难得的稀世珍宝，被誉为“东海第一胜境”。

郁林观石刻为摩崖石刻，又称飞泉石刻。该石刻群包括许多题勒，如“宋四士题名”“宋刘居实题名”“明王同题勒”“清

花果山郁林观（摄影：赵鸣）

钱泳游飞泉留款”等，最为珍贵的是唐隶和宋篆。此外，诸多名胜掩映其间，如“埋云石”“朝霞壁”“喷水崖”等；在急流飞瀑之中的巨石之上，还镌刻着“濯缨泉”三字，这是北宋文学家、海州通判石曼卿手书。挺拔清秀的书法为幽美的自然景观增色不少。这些石刻地点集中，在附近几百平方米的范围内，有数十处。石刻时代久远，上起唐宋、下迄明清，像一部完整的历史长卷。石刻的字径大小不一，大的如桌面，小的如拳头，各依山势而定。石刻内容丰富，或壁记观感，或题勒言情。石刻的书法字体迥异，隶、篆、楷、行、草并存。其中最为珍贵的是唐隶和宋篆。

花果山题刻——环瀛仰镜（摄影：赵鸣）

花果山题刻（摄影：赵鸣）

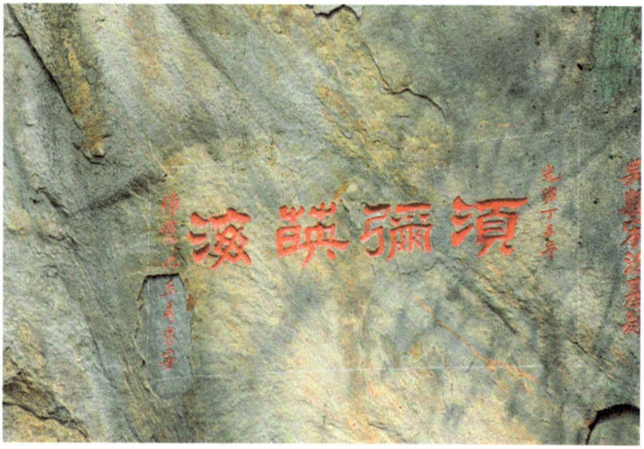

花果山清代题刻（摄影：赵鸣）

花果山题刻——同悟天性（摄影：赵鸣）

唐隶为《东海县郁林观东岩壁记》，刻于公元719年（唐开元七年），由海州司马崔惟怦之子崔逸拟文。隶刻净面高二米，宽三点八米，计三百九十三字，分二十一行，每行十七字，字径零点一六米。书法为隶字，体势疏密匀称，遒劲飘逸，苍劲恢宏，未署书者，估计也是崔逸。壁记记叙了海州司马崔惟怦巡视海疆之后，来到这里游览的情景。行文朴素典雅，议论风生。文中特别提出了“殆有知而不能至者，至而不能赏者，赏而不能穷者”、“志在魏阙，心游江湖，两忘出处，双遣是

郁林观唐隶宋篆石刻（摄影：赵鸣）

祖无择碑刻（摄影：赵鸣）

非”的旅游观念。在我国书法艺术史上占有一席之地。北宋金石家赵明诚和他的夫人李清照编的《金石录·今存碑目》里也收录了这块唐隶刻石，现保存完好。

在“壁记”的斜对面，是宋代的《祖无择三言诗勒》，成于1044年（宋庆历四年甲申岁），高约五米，宽约六米，计一百零二字，分十二行，每行七字，字径零点二六米，书法为篆书，勒于郁林观遗址东岩壁下的一块大石东面，笔力苍劲，结构严谨，风格古朴。宋篆由进士祖无择拟文，著名篆书家苏唐卿书写，王君章镌刻。三人文、笔、刻皆妙，号称“三绝碑”。苏唐卿，既是书法家，也是位出色的诗人，曾在山东费县当县令。祖无择是上蔡人，年轻时曾任海州提点，后又调任权知开封府，知郑州、杭州、明州等府。因得罪了王安石，被贬到较远的信阳军等地当官。清吴玉缙将此篆刻编入“古今篆刻之次”，载于《金石录》。北京中国书法研究社编印《各种书体源流浅说》对苏唐卿的郁林观石刻也给予很高评价。碑文除了介绍此地风光和他们畅游的欢乐，还充满自信地说“千万年，苍藓没，后有人，为吾拂”。相信将来肯定有知音替他们整理和保存好这块碑。当代著名作家叶圣陶书写的“唐隶宋篆”题勒被镌刻于刻石之右，为郁林观刻石增添了时代气息。该石刻

花果山茶社前陆羽雕塑（摄影：赵鸣）

花果山茶社（摄影：赵鸣）

现保存完好。

2013年5月，郁林观石刻群被确认为国家级文物保护单位。

第四节　山珍名品

古人云：靠山吃山，靠海吃海。如今靠着花果山，自然就要吃花果山的山珍了。说到花果山的山珍，我们这里为大家介绍其中的云雾茶、葛藤粉、银杏、板栗、冬青桃以及楸树、金镶玉竹等。

云雾茶产于连云港云台山，江苏省四大

名茶之一，曾是皇家贡品。史书记载：公元10世纪前，海州地区“山海之利，以盐茶为大端”。《宋史·食货志》说：“海州为榷茶之所。”1005年（宋真宗景德二年），朝廷向贩售海州茶叶的茶商发布征税诏书：“海州茶善而易售……故入钱之数，厚于他州”，茶税增至数万缗。清朝最后一个武状元，灌云县东辛乡中正街卞赓，请云台山魏湾制茶能手将云雾茶配以龙脑香料，进行窨制，加工成“龙团凤饼”，进贡给慈禧太后。慈禧品饮了卞赓进贡的云雾茶后连称好茶，而且喝了很长时间没有更换过，并指定云雾茶为贡品，使云雾茶誉满京城，闻名南北。历代海州地区的地方官每年

采摘云雾茶（摄影：赵鸣）

进贡的食货中，茶叶是最重要的物品之一，一两都不能少。正如民谣所称："细篓精采云雾茶，经营惟贡帝王家。"宿城悟正庵至今还有二至三株明代的茶树，树均高至两米余，枝叶繁茂，堪称云雾茶王。

云台山是我国茶树自然分布的最北缘，气候温润。这里的茶树经常笼罩在云雾中，故称之为"云雾茶"。它色、香、味、形、质俱佳，且栽培历史悠久。南宋（1127—1279）时，宿城山顶悟正庵种植有茶树，常年沐浴在云雾之中，当地人称"云雾茶"树。明清时（1368—1911）山僧每年采制一至二斤精茶，珍藏秘不示人。悟正庵至今还留有二至三株明代的茶树。云雾茶生长在云台山中、高段，经常是晨雾未散，晓云已至，常年处于云雾中，故质地纯净，香高味醇，且地势愈高，云雾愈浓，长势愈好，茶质也愈纯，真可谓"山高出好茶"。

云雾茶制作工艺科学规范，从鲜叶采摘、杀青、揉捻、整形干燥，到泡制都有严格的技术要求。近年来，云雾茶生产规模不断扩大，全市种植面积约为四百四十公顷，年产量可达十五万千克。它质高品优，与江苏的南京雨花、苏州的碧螺春和无锡二泉银毫齐名，深受海内外茶客青睐。1995年，在北京农业博览会上获得银质奖。2001年5月，获江苏省第九届“陆羽杯”（淮北片）名特茶评比一等奖。2009年，其制作技艺入选江苏省第二批非物质文化遗产保护项目名录。

葛藤粉主要产于云台山中，也是花果山地区著名的地方特产之一。它是用野生植物葛藤的块根加工制成的淀粉，具有极高的滋补功能

采葛根（摄影：赵鸣）

山民晒制葛藤粉（摄影：赵鸣）

和药用价值，唐、宋时期被列为贡品。当地山民采挖葛根做药材和制作葛粉的习惯已有数百年的历史。李汝珍在《镜花缘》第九十一回描写众才女放量豪饮，又怕吃醉酒时写道："葛根最解酒毒，葛粉尤妙"，葛藤粉"唯有海州云台山所产最佳"，"但当酒酣潦倒，只要有云台山葛根粉，怕他什么？"后汉人编的《神农本草经》是我国最早的医学著作，记载了三百六十五种药物，葛根列为中品。李时珍编著的《本草纲目》对葛植物学特征、主治、附方和食用方法进行了全面研究。宋代《图经本草》《证类本草》、明代《本草品汇精要》等重要药书均将海州葛根列为地道药材。

葛藤粉是疗效明显、保健价值高的药用食品。葛藤从植物学上属豆科多年生全草落叶藤本攀缘植物，因地域不同又称锦葛藤、于葛、苦葛、甘葛、葛根等，秋日开花，紫赤色，花冠蝶形，颇似豆花，茎长数丈。云台山山高林密，气候湿润，适合葛藤生长。山野岩缝，峭壁陡坡，杂木林间，随处可见。每年冬闲之日，山民们便结伴上山挖根。近年来，江苏省颁布了《江苏省云台山风景名胜区管理条例》，封山育林，禁止上山采葛根，葛藤粉也愈来愈少。葛藤粉通常的吃法是冲服，还可以加工成葛根口服液、葛粉糕点、葛根饮料、葛冻罐头等。此外，速溶葛粉、葛根汁、葛花汁、葛花露、葛粉饼干、葛粉豆腐、葛粉面包、葛粉面条、葛汁果冻和葛汁酒等新产品业已逐步面市，成为世人喜爱的绿色食品。2011年，云台山葛根粉手工制作技艺被列为连云港市首批非物质文化遗产名录。

银杏（摄影：赵[illegible]）

花果山适宜银杏的生长。这种树古时曾称为鸭脚子、圣果、白果、公孙树、千扇树等。银杏属裸子植物门类，银杏科，是最原始的树种之一，已存活了三亿多年，与恐龙同时，有“金色活化石”“植物界大熊猫”之称。其树自然性结果要三十年左右，俗谚说：“白果树六十年，老爹栽树孙子见钱。”故称公孙树。郭沫若同志称誉它是“中国的国树”，也是江苏省的省树和连云港的市树。

银杏营养丰富，自古以来就是名贵的中药材。《本草纲目》上记有“小苦微甘，性温有小素，多食令人胪胀”。入药则有治病之功。专家认证银杏有敛肺气，定喘咳，止带浊，缩小便的作用，对于慢性支气管炎、哮喘，以及白带、遗精、尿频等疾病都有一定疗效。银杏树千年不老，能抗拒各种植物病虫害，树冠华美，夏季碧叶婆娑，秋季一片金黄，又是美化庭园的良材。其木质本质细密，可供雕刻、制木模具、家用砧板等。

历史上连云港银杏树多分布在庙宇附近，多数与庙龄相等或相近，反映了一种地方文化。目前全市有古银杏四十四株，八百年以上

花果山秋天的板栗树（摄影：赵鸣）

树龄的二十五株，千年以上的有十株。早在二百年前，《云台新志·顾乾廿四景》就记载云："隔村崇善寺，有银杏两株，皆为数百年之物，村人呼之神树。"传说这株银杏为唐代名将尉迟恭亲手所植，距今已有近一千三百年的历史，是连云港市的银杏王。花果山景区内有古银杏十九棵，生长在三元宫、九龙桥等处，全年可产白果上万斤，一棵最大的可收白果千余斤。三元宫院内的一对"夫妻"银杏树，树龄皆有一千一百年，枝叶繁茂，与大雄宝殿相映生辉。其中一棵不结果实，人们都说是"白果丈夫"。唐王坝西侧老君堂门前，有一棵银杏，树龄一千二百年，虬枝盘干，势若罩伞，一大一小，双株连根，大株围有六米，小株围一点七五米，众称“怀中抱子”。海拔最低的银杏位于云台乡白果树村，仅海拔十米，树龄已逾一千二百年，也是唐代山民取盐的标志物，在日本僧侣圆仁《入唐求法巡礼行记》有记载。此树高二十一点七米，冠幅二十平方米，五株丛生，十分奇特。2005年，银杏被选定为连云港市市树。

花果山照海亭侧300年的板栗树

花果山板栗树（摄影：赵鸣）

连云港的板栗生产已有两千多年的历史，花果山照海亭上下有三百多年的板栗树数十棵，足以佐证花果山板栗生长历史的悠久。每年7月，青色的栗苞长成，在高高的树枝上一摇一摆，似乎向游人招手；8月、9月苞熟后裂开，果实自动坠地，道边草丛中俯拾皆是。山民、孩童提着竹竿，挎着篮子，在树下采摘，每天可得百斤。傍晚炊烟袅袅，山中弥漫着栗香，正如唐代大诗人杜牧所描述的那样：穲多栗过拳，山家蒸栗晚。

板栗属于山毛榉科，落叶乔木，高可达二十多米，无顶芽。叶椭圆状，矩圆形，疏生刺毛状锯齿，初夏开花，单性，雌雄同株。在我国古代，栗子被视为百果之最有益者，含有蛋白质、脂肪、糖类、维生素、尼克酸钙及磷、铁、钾等成分，是食用佳品，也是珍贵的药材，有益气、厚肠胃、补肾气、治腰腿无力之功能。栗子吃法很多，生炒、蒸、煮，各具特色。它还可入菜，当地居民做的栗子烧鸡是家常菜，别有风味。

连云港的板栗品质优、产量高。花果山的“红林五号”板栗除果实略小外，在江苏板栗品质评选中，其外观整齐，肉质、甜度、香味等五项指标总分均最高，与苏州名栗“九家种”并列全省第一。连云港市板栗主要品种有处暑红、九家种、焦扎、短扎、尖顶油栗等。目前种植面积约为五千八百公顷，每公顷产量约三千七百千克，年产量近五百万千克。其中花果山、赣榆黑林和东海山左口地区的产品最佳。

云台山中有一种特别的桃品——冬青桃，又名冬桃、雪桃，是桃中一个稀有品种。《西游记》中写有四季好花常开，八时鲜果不绝”，此中的鲜果就是指花果山冬桃。冬青桃主要生长在花果山三元宫一带，花期一般晚半月左右，果实于霜降后才成熟。它圆形皮青，水分含量少，果核玫瑰红，口味微酸，甜度高，有微香。它果实生长期长，历经四季雨露，饱含日月精华，所以有“仙桃”的美称。传说很早以前，花果山海清寺有个庵户，名叫孙老大，长年在山上砍柴供和尚享用。有一年腊月二十八日一大早，天还没亮，年过六旬的孙老大，在陡峭的绕云崖上扳着枯树枝。常言说：“身上无衣怨天寒，肚中无饭怕歉年。”老人禁不起天寒地冻，脚下一滑，摔下悬崖，跌得腿断臂伤。在这荒崖僻岭的云雾山中，老人疼痛地呻吟着。突然，在山崖深处，飘来一团薄雾轻烟，走来一位如花似玉、婀娜多姿的山姑。只见山姑双手拿着一枝鲜枝活叶的桃枝，枝上有一个红嘴青皮、碗口大的鲜桃。她慢步向前轻轻一笑，说：“老人家受苦了，我给您送来这个冬青桃，您吃下去可以消灾祛病。”说完，双手递上那个鲜桃。老人饥渴难忍，顾不得多说，慌忙接过桃子，大口大口地吃起来。只觉得皮薄水多，鲜嫩爽口，又酸又甜。随着甜汁入肚，凉气爽身，霎时神清眼亮，全身轻松，伤痛全无。老人连连敬叩，感

花果山农庄（摄影：范永梅）

谢救命大恩，并说："请仙姑留下名来，我好世代供奉。"山姑淡淡一笑说："老人家休得如此，俺本是唐僧之母殷氏温姣也，特来传此仙种冬青桃。"说完撒下两粒桃核，乘一缕紫云霞雾，飘然而去。后来，老人用双手扒开山涧的冻土，把两粒冬青桃核埋在了绕云崖下。逢人便说，见人就讲。第二年春天，绕云崖下的山洞里长出了碧绿的冬青桃树。没几年，满山遍岭到处都长满了冬青桃。每到烟花三月，花满岩谷，涧中红雨缤纷，山春锦绣，景色迷人。人们把这条涧叫作"桃花涧"。现在，花果山山民还流传着"桃花仙姑仙桃医

秋天的吴茱萸（摄影：赵鸣）

病”的传说。

楸树为落叶乔木，形状似梧桐，但树皮颜色不同；梧桐树皮为青绿色，楸树皮是微棕色；梧桐心木白色，其叶片大，木质疏松，楸树心木金黄色，叶片三角状卵形或长椭圆形，花冠白色，有紫色斑点，木质细密，故有“大叶梧桐小叶楸”之说。两者树干均挺直高耸，干形圆满，树冠呈尖塔形。

连云港市楸树的生长历史悠久。汉唐时期，花果山自然生长着大量的楸树。1973年兴修水利中，在花果山上挖掘了多处西汉古墓，墓中古棺多为巨大的楸木段挖空而成，棺外有椁为楸木制成。椁顶椁底均由六块木板平铺，四壁木板各为两块，木板之间，凿有子母槽，严密衔接弥合，十分坚固。椁埋于地下两千多年，出土后，叩击木板，琅琅有声，没有丝毫腐朽。考古工作者考证认为：“古代的花果山曾分布有高大茂盛的楸树林。由于交通阻隔，西汉古墓中的巨大棺椁，系达官贵人就地取材营造而成。”《海州志》记述：古时云台山“幽深特秀，常年冠云气，茂林修竹，郁郁葱葱”，“嘉木所植曰……松楸，莫不长枝覆日”，“树老千年，松楸苍占”，也佐证了考古专家的论点。特别是花果山上楸树心材呈金黄色，具有绢丝光泽，用心材制作的家具，敦实古雅，群众誉为“满堂金”，视若珍宝。楸树

金镶玉竹邮票碑（摄影：赵鸣）

原产于我国黄河、长江流域，以山东、江苏、陕西、河南等地最为普遍，多为散生状态，资源量不多。连云港市楸树主要集中在花果山三元宫东侧，以及南云台的东磊、连云区黄窝、柳河一带，以成片和杂混交林为主。据植物专家调查统计：云台山现有百年楸木百余株，且多为二十米高，五十厘米直径以上，其中连云

中国五大名竹之一的金镶玉竹（摄影：赵鸣）

区黄窝一带有三十多株百年以上的楸树群，为江苏独有。现有的楸树林木都已成材，如柱如林，雄伟挺拔，成为一片重要的自然景观。

金镶玉竹也是花果山中珍品中的一绝。中国为世界竹类植物种类最多的国家之一，共有各类竹子四十余属五百多种，金镶玉竹是其中之一。金镶玉竹又名对青竹，黄金间碧玉竹，因其竿为嫩黄色，竹中间有翠绿线条，仿佛碧玉镶嵌其中，故名。它和紫竹、佛肚竹、茶杆竹、毛竹并称中国五大名竹。金镶玉竹培育历史悠久，宋代成都人许观在《东斋纪事》上说："竹之异品颇多……对青竹，竹黄而沟青，故节茬间出。"由此可见，该竹栽培历史已逾千年。古海州的《云台新志》中也称其为"金镶碧嵌竹"，主要生长在明代云台山延福观附近。金镶玉竹为禾本科，刚竹属竹种，成竹一般高五至八米，径二至四厘米，被认为是观赏佳品，在中国分布极少，唯有云台山生长旺盛，并以花果山三元宫屏竹禅院、九龙桥畔、水帘洞旁和东磊延福观一带尤为繁茂。1993年6月，我国发行一套《竹子》特种邮票，特将云台山金镶玉竹列为第二枚，定价三十分，由此可见这种竹子的名贵。花果山屏竹禅园入口处设有一块石碑，记录了邮票发行的历史。金镶玉竹和花果山上的特产冬青桃、人参果、猕猴桃合称“花果山四绝”。关于金镶玉竹还有一段有趣的故事，为孙悟空老家花果山添神秘的色彩。相传，过去花果山上仅有桃树，每到冬季，桃叶凋落，怪石裸露，满目苍凉。取经归来的孙悟空十分怀念西天的奇松古桧，翠柏修篁，于是来到南海普陀落伽山，向观世音索借净瓶中的竹枝，用以点化花果山老家的山色。观世音熟知孙悟空刁滑，婉然拒绝其要求。孙悟空见索借不成，略施小计偷了竹枝，将其插在花果山的屏竹禅院门前。不意竹枝入土，立即生根，笋发丈余，长成了金镶玉竹。从此观世音手捧的净瓶中，只剩柳条却不见竹枝。据说孙悟空白偷得竹枝后，曾吩咐巡山的猴兵好生看护，如落伽山来人讨要竹母，一丛也不给。观音无奈，只好引种几丛紫竹栽在落伽山以此作罢。所以今日普陀山一株金镶玉竹也没有。

第五章 随我欣赏花果山

花果山是连云港市山海文化的精髓所在，也是最大的、最重要的景区之一。“山海连云，大圣故里”成为来连旅游的必看之地。这里距离市区五千米，距墟沟海滨二十五千米，有各类观光游览点一百多处，我们选取其中精粹游览之处，介绍一二如下。

第一节　花果山中的古塔

花果山下的大圣湖侧有一座古塔，叫海清寺阿育王塔，俗称海清寺塔、唐王塔或大村塔，2006年被确定为全国第六批古建筑类全国文物保护单位。据镶嵌于宝塔西壁的《柳峦记碑》所载："此塔镇在海城灵基山东南角，大唐第二至尊。"说明海清寺塔始建于唐。现存的海清寺阿育王塔，动工于北宋天圣元年（1023），建成于天圣九年（1031），是江苏苏北现存的最早和最高的宝塔。

海清寺塔是花果山风景区重要旅游景点之一。明代的"古塔穿云"，清代的"塔影团圆"都使阿育王塔成为连云港重要的旅游地。海清寺塔高四十点五八米，九级八面，每级东、西、南、北四方多辟券门，其余四面有窗。进入塔内，沿着塔的外壁为走廊，中间为八边形塔心砖柱，砖柱内砌有踏步，可登梯直上顶层。志书上说："上观，似从天而降，回

晚霞下的古寺——海清寺（摄影：范永梅）

彻清霄；下看，像由地涌成，室堂连海。”当地百姓说：“远看，塔比山低，为群山环抱；近看，塔比山高，站在塔下仰望塔顶，直插云天。”他们把这种景观叫作“山拜塔，塔拜山”。在塔内墙壁上及其周围发现了多块石碑，记载了该塔的建造和发展历史。其中有多块碑文中提到了“南瞻部州”，这与《西游记》有着密不可分的联系。

海清寺塔结构严谨合理，线条明快秀逸，风格古朴雄浑。塔基建于坚硬的山麓台地之上，基础下是灌注有黄泥浆的砾石层，上面交错放置长方形大石条，十分牢固。塔身周长与每层高度之比始终保持三比一，内有圈梁，外表则用米、石灰胶泥扣缝，使塔身的抗震能力达到最高水平。这座塔最神奇的一点在于，在这近千年中，古海州（今连云港）曾经发生过大大小小地震达十八次之多，其中最大的一次是清康熙七年（1668）发生的高达八点五级的特大地震。那次地震使得古海州的城墙塌了十分之四，而这座塔却安然无恙。该塔正南面门楣上刻有“根深蒂固”四个字，的确名副其实。

花果山阿育王塔出土的石棺（摄影：赵鸣）

花果山阿育王塔出土的舍利子（摄影：赵鸣）

花果山阿育王塔出土的佛牙（摄影：赵鸣）

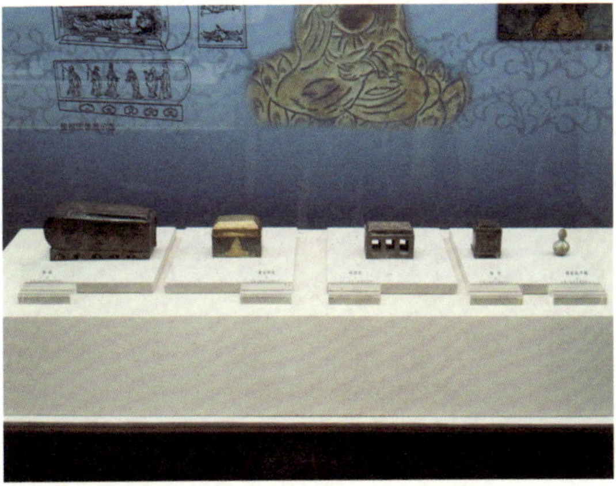

花果山阿育王塔出土的系列棺材（摄影：赵鸣）

花果山阿育王塔出土的金棺（摄影：赵鸣）

花果山阿育王塔出土的龙印（摄影：赵鸣）

海清寺塔因供奉“释迦真身舍利、阿育王灵牙”又称阿育王塔。1975年修缮时，在塔下地宫里发现一批极为珍贵的文物。在第一级的踏步下面，有一方形砖窑，室内平放一口外有精美浮雕的棺石涵，涵内有铁棺，铁棺内有银棺，银棺内有金棺，金棺内有银匣，匣内有阿育王的“灵牙”。琉璃瓶里还盛有两颗“真身舍利子”。另有鎏金小铜佛、小铜兽以及各种铜钱等数十件古文物。其中晚唐风格的银匣、金银棺等文物，造型纤巧，纹饰精美，为世间所罕见。

海清寺塔后面原有一座古刹海清寺。据塔内东壁勒石记载：“天圣三年正月，内设供僧八百五十人；天圣三年，设供僧九百人。”足见这座北宋古寺规模之大。可惜这座古寺已于1958年修建大村水库时被拆毁。海清寺塔在金（南宋）、明、民国期间都曾进行过程度不同的修缮。2006年连云港市开始规划重建海清寺，2008年完工。修复后的海清寺分前、中、后三进，主要工程有阿育王塔院、大雄宝殿、法堂和观音阁等建筑。

海清寺塔之所以有“塔影团圆”的美誉

还是得益于塔前的大圣湖。由于塔影倒映在湖水中，呈现出湖光山色，格外优美，所以才有了清代文人的赞誉。大圣湖原名大村水库，位于花果山入口处。该水库积水面积十平方千米，设计总库容量六百五十万立方米，是云台山中最大的水库。该水库是在原有湖的基础上翻建而成的，后经过陆续扩建、改建。现在的大圣湖坝长一千零八十米，坝顶高程二十二点五米，溢洪道底高程十九米，既可防洪，又能灌溉，可保护下游一千五百公顷农田和花果山乡居民免受洪水灾害，形成养鱼水面约三十六公顷，经济效益显著。大圣湖三面环山，浩渺无际，一片绿波荡漾的山水，一片沉碧青霭的

大圣湖（摄影：赵鸣）

霞光耀日（摄影：李正东）

秀色，被一条大坝拦在山里。湖的东畔古塔矗立，新近恢复重建的海清寺气势恢宏，塔影、寺影、山影同垂水底。

在大圣湖东山坡下留有老君堂遗址，这里原有一座古观堂叫“老君堂”，内奉太上老君，乃道教始祖老子。传说《西游记》中太上老君的炼丹炉摆放在此，孙悟空就是在炼丹炉中被炼了七七四十九天，炼出了一副火眼金睛。老君堂门前有一棵著名的灵植“千年银杏”——“怀中抱子”，树龄已有一千三百多年，主干高四米，总高达二十五点五米，分四大杈，接着又生三大杈，腰围六米。大树下有一小银杏，干粗一点七五米，高三点四米，依

老君堂遗址（摄影：赵鸣）

偎大树怀中，亲昵难分，山民称之为“怀中抱子”。该树为雌性，属国家级保护古树。在千年银杏树南侧一百米处，可见一堵宽厚的水坝，拦蓄了一池碧波粼粼的山水，这就是唐王坝，汽车可在坝上行驶。它得名于一个流传千年的乡土口碑。传说唐太宗李世民东征时，曾经在此驻军，并建坝蓄水饮马。

与海清寺阿育王塔对应的是山上的多宝佛塔。它位于九龙桥北面的山路旁，人称金佛塔，又因距“海宁禅寺”不远，故亦称“海宁寺塔”。据考：该塔始建于明代，原为砖砌结构，高三十一点四米，塔基为八角形平台，直径大约十米，周围镌有莲座，缠枝等高浮雕图案，工艺精巧，凝重飘逸，十分壮观，和陕西省西安市的多宝佛塔一样。原来的多宝佛塔建成后不久即倒塌，民间有花果山“一山不能建两塔”的传说。因为山下已有“海清寺塔”，多宝佛塔便因此而倾倒。明知是无稽之谈，1994年前的数百年间，人们却因此从未修复过。上世纪80年代，市有关部门的专家对此进行考证、发掘，使塔基重露天日。后又进而开

多宝佛塔（摄影：赵鸣）

掘塔基内的石室，发现塔心石室中，有鎏金铜佛，以及大批古钱币出土。1995年，市园林部门请专家设计，重建“多宝佛塔”。现塔为石雕，实心、长柄铃形舍利塔，为仿南唐古塔风格，高十二点七米，九级八面。塔身周围有石雕佛像六十四尊，栩栩如生，神韵各异，内容丰富多彩，刀法古朴典雅，古意盎然。

第二节　五圣广场·花果山山门

五圣广场在花果山大圣湖东南侧，因有“五圣取经”雕塑而得名。广场用花岗岩铺设而成，总面积两万多平方米，可容纳游客近两

花果山景区入口（摄影：范永梅）

五圣取经雕塑（摄影：赵鸣）

万人。广场中的“五圣取经”雕塑是由中国著名的雕塑家，中央美术学院教授董祖诒、孙伟合作创作完成的。雕塑长十五米，宽四点五米，高六点八米，用铜二百二十吨，是目前全国最大型的青铜铸造雕塑之一。该雕塑在主题表现上，选择了以孙悟空为代表的师徒“五圣”形象加以夸张表现，使得《西游记》塑造的整体人物的灵魂和最重要的人物孙悟空形象更加丰满和自然。该雕塑经过了创作、塑模、足样放大、造型、模具翻制和青铜铸造及安装等各个工序，历经五年的创作，于2003年9月落成于花果山中，成为一个新增加的景点。

花果山入口石雕（摄影：赵鸣）

花果山山门停车场（摄影：范永梅）

花果山《西游风雷图》（摄影：赵鸣）

在广场不远处的花果山园林管理处内入口处建有大型锻铜浮雕壁画《西游风雷图》。这是在国内首次采用大型美术作品完整地艺术再现古典文学名著《西游记》全貌的文化艺术墙，也是花果山风景区新增的标志性景观。《西游风雷图》壁画由著名艺术家、清华大学美术学院教授、硕士生导师彦东设计创作。壁画长四十二米、高二点六米至三点九米，面积共计十二点五平方米，采用手工锻铜工艺和浮雕手法，集中展现了《西游记》中神猴出世、大战二郎神、悟空拜师、三打白骨精等二十六个具有代表性的故事情节，刻画了一百多个神魔人妖艺术形象，其中突出表现了“花果山”“大闹天宫”“大圣故里”三大重要场景。2002年9月21日建成并对游人开放。

在花果山五圣广场东侧，还坐落着由国内名家“泥人张”第四代传人、清华大学美术学院张锠教授设计制作的“凤托金猴”雕塑，这是为了纪念2005年世界旅游日庆祝活动而设计制作的标志性纪念物，记载着连云港和花果山旅游史上的难忘一刻。

2005年世界旅游日立的“凤托金猴”雕塑（摄影：赵鸣）

花果山山门在竹节岭的十八盘下，是进入花果山的必经之路。它由四川国际艺术研究所设计，于1995年动工兴建，1996年7月竣工。山门高十一点二七米，长二十七点四米，厚三点六至四点五米，全部选用东海县石埠乡特有的紫红色花岗岩雕砌建造。山门造型独特，为非对称型，有三个同样大小的拱形门洞，正门额上镌刻了一个孙悟空头像，头像背衬圆形图案，象征法轮常转，表示他功德圆满，终成正果。猴头旁有唐僧师徒四人西天取经的浮雕，艺术风格浑厚雄健。唐僧师徒明知妖魔当道，却一往无前，毫不畏惧，既突出文学大师吴承恩对这块土地的浓厚情感，又体现艺术与现实的高度统一。山门口由六只石雕雄狮把门，增强了花果山的神话氛围。广场四周有一百零八根紫色石柱，半人高，雕刻着神态各异的石猴。这些石猴是花果山的迎宾猴，共一百零八只，暗寓三十六天罡、七十二地煞之数。山门背面的匾额上“东胜神洲”四个字，是中国书法家协会主席沈鹏先生题写的。

在山门东面仙人桥入口处建有吴承恩石雕像。这是为了纪念《西游记》作者吴承恩于

仙人桥碑刻（摄影：赵鸣）

1997年雕建的。雕像为坐姿，被安放在一个高一米的平台上，身坐高一点七二米，由三十块白色花岗岩组成，其中底层坐墩为八块，身躯用了二十二块。他背依青山，目视西方，右臂下垂成撑势，左手握卷促膝，两腿相叠，精纯逸秀，正在迎接四海游人的到来。

顺着山门南侧步行，不远处的山涧里就是《西游记》主角猪悟能的家——“高老庄”。游客走进大山、走进乡村，感受和体验全新的“住农屋、吃农饭、干农活”的山里人生活。一切旨在让久居城市的人们，走进《西游记》境界，感受独具特色的民风民俗，体验全新风尚的乡村生态旅游。看到这块招牌，人们都会哑然失笑，情不自禁地想起那位入赘女婿猪八戒，想起他那半主半奴、任劳任怨的“优秀姑爷”样，更会想起他在取经路上稍有风吹草动就嚷着要“回高老庄”的种种丑态……

第三节　十八盘西游文化廊道

步行进入花果山需经过一条《西游记》文化廊道——十八盘。沿途可以看到许多与《西游记》有关的景点。

进入花果山必过仙人桥，这里可是花果山的第一景。仙人桥，又名聚仙桥，为进山第一桥。相传过去有人在此修道成仙，因而得名。另有人讲，这桥乃仙人所修，供海内的香客、善士登山进香之用。站在仙人桥上，遥望香炉顶。冬季雪后，只见香炉顶上积雪累月不消，“望之如玉山而立”，这就是云台三十六景中的“炉峰霁雪”。此桥原来是两块短条石搭成的独孔桥，呈东西向，是花果山居民上下山的通道，更是每年正月十五日远近朝山进香的香客必经之地。桥东头北侧，立一块石碑，高一点五米，宽零点六六米，碑中间竖刻“仙人桥”三字。碑上额刻有“阿弥陀佛”四个字。碑后有一块回文诗，碑文为“聚仙桥上得逍遥瑞气飘香花结彩”。有趣的是这十四个字的碑

仙人湖（摄影：赵鸣）

仙人桥碑刻上的藏头诗（摄影：赵鸣）

文却能念成二十八个字的一首七言诗，诀窍在于前一句的下几个字，就是后一句的上几个字，所以称作回文诗。这首诗是：“聚仙桥上得逍遥，上得逍遥瑞气飘。瑞气飘香花结彩，香花结彩聚仙桥。”

走上十八盘，就进入了花果山登山的步行道。这里原本没有路，是当地山民为方便登山观景和上三元宫庙朝山进香的香客而修建的十八层台阶，俗称“十八盘”。它上下约两千米，层层叠叠，一直蜿蜒到山顶。十八盘是云台山三十六景之一，为“仙境朝参”的开端。姚陶《登云台山记》云“石砌迂回”，盘上为“第一天门”；云台晚清诗人张百川《十八盘》诗写得更形象：“峰峦高耸豁双眸，最爱烟霞上界幽。步步梯阶盘若线，层层石栈巧相钩。攀萝冷逼芒鞋滑，寻蹬寒生破衲秋。绝壁千重须到顶，回头喘咳似吴牛。”蹬道台阶宽三米，每段阶数不等，之所以称十八盘，是与庙里十八罗汉有关，取消灾祈福的数字。十八盘道旁林木蔚然，顶上是原云台树艺公司西大门，现在还留有界碑。树艺公司创建于清光绪二十四年（1898），当时大力发展茶树和各种经济林木，是现代实业运动的先驱，可惜中途因故失败。

据说花果山上的十八盘又名“鲤鱼坡”，

十八盘（摄影：赵鸣）

在第十五盘左首，有一块巨石像一条大鲤鱼卧在山坡上，大鲤鱼旁就是一家徐姓财主的祖坟。当年，有一个皇帝，为了使江山永保，豢养了一批风水先生到全国各地去看风水。凡是对皇家江山有利的，就设法保护；凡是有碍皇家江山的，就设法破坏掉。有一天，一位风水先生来到鲤鱼坡上，一看徐家祖坟，心中大叫不好——鲤鱼跳龙门，将来这一家定会兴旺起来篡夺皇位。于是，风水先生想方设法说服财主为保鲤鱼顺利跳上龙门，只要在坡上修十八盘道，就可万无一失了。财主一听如此容易，连夜雇人修了十八盘道。盘道修好后，风水先生上下一看，满意而去。原来，修了十八盘，

南天门（摄影：赵鸣）

鲤鱼就变成了盘中菜，而且用十八个盘子分装一条鱼——碎尸万段，这条鱼就再也跳不了龙门了。

顺十八盘登上竹节岭，就到了风门口。它位于西山口，地势平缓，一年四季山风习习，松涛阵阵。由于视野开阔，是游人休息和赏景的极佳处所。举目四望，东有老窑沟，云遮雾绕，谷迷壑冥；西有十八盘，九曲回环，或隐或现；北有月牙石，怪岩迭砌，乱石嶙峋；南有香炉顶，茂林修竹，葱翠欲滴。传说是《西游记》中风婆婆的风袋口。

竹节岭上便是南天门。它与金牛顶上的玉皇阁、三元宫等古典建筑遥遥相对。它北倚

清代题刻的云台山山门（摄影：赵鸣）

峻岭，南临深沟（孔雀沟），居高临下，为进出花果山的主要关隘。现在南天门的前殿原为明代建筑，拱形，有石门，门下有石级，内奉武圣关公，所以又名曰“武安宫”。在《西游记》里，它是玉皇大帝灵霄宝殿的外大门，每次孙悟空上天求救兵，都是先经过这里通报，时常在这里遇到值日功曹，二十八宿等神仙。清黄甲瑾《云台二十四景》将此地作为一景，名曰“云护天门”，说这里“群峰环拱，云气卷舒，豁人心目，真令观者有物外之想”。上世纪60年代，当地人民政府对原来殿宇修缮整理，改为南天门小学。由于它所处的海拔高度为江苏省所有学校之最，当地的山民嬉称它

点将台遗址（摄影：赵鸣）

2004年花果山《西游记》文化节猴戏表演（摄影赵鸣）

为“江苏省的最高学府”。南天门院内有康熙十七年（1678）“诰封奉直大夫知江南淮安府海州知州”的立石，此外还有一些石刻浮雕，多为各种花卉及象征吉祥的“三吉瓶”。

在南天门侧存有《西游记》中天庭钦点天兵天将的点将台。据说，孙悟空出入天庭，大闹天宫，皆是从南天门作为“突破口”的。相传南天门有天兵天将把守，如今，这南天门也有一个八角形的点将台，而更多的人却说这里是孙大圣点他的“猴兵猴将”的地方。台上原有一幢宝亭，因为地处竹节岭的顶端尽处，上倚绝壁，下临深谷，早年被山风摧折。如遇云天开朗，立于台上，可穷千里之目。左面，是直上云霄的江苏最高点——玉女峰；右边，是千寻绝壁，下卧秃龙深沟。

第四节　入山第一胜景——九龙桥

九龙桥位于花果山半山腰，是花果山风景区重要古建筑之一，被列为明云台山三十六景之一和清二十四景之一。它始建于唐、宋，当时只是山僧在涧上架一个简易的石板小桥，以便南北过往行人；但每到夏季山洪暴发，桥往往被冲毁。明万历十五年（1587）开始重建三元宫时，同时修筑了这座砖结构拱桥。桥长三十三点四米、宽八米，正面有单孔桥洞，高二十多米，结构稳健，营造精巧，极富民族特色。

九龙桥为花果山中的著名景点之一。许乔林的《云台新志》曰：“溪流喷薄，古木阴森，为入山第一胜境。”崔应阶《云台山志》称其“松楸苍古，亦称绝境”。这座桥位于南天门下一千米多处的九龙口，乃多条山涧汇集处。所以《云台新志》中说“山上涧水淙淙，

九龙桥（摄影：赵鸣）

雨中九龙桥（摄影：赵鸣）

为九龙涧山中溪流九道，汇入桥下”，故名。立龙口上，细数只有七涧，说“九龙”，是取其吉利，形容其多，并非确数。故九龙口下大涧沟被人称为“九龙涧”，当地人说这是“九龙戏琵琶”。该涧流经山东庄水库，最后汇入妇联河。

明清时的九龙桥，久已荒芜不堪；近年来，经再三复修，才使古桥当年风姿再现。桥南头，已辟为停车场，供各种旅游车辆停放；桥北头西侧，原为九龙桥将军庙，内奉“九龙将军”——九员武将。清两江总督陶澍在道光十六年（1836）曾为此庙作一对联：“倚树论功名，爽籁流声清涧壑；在田占利用，甘膏洒润普桑麻。”门匾额上有“介潭嘉应”四字。这座庙毁于战火，后在此庙地基上建起了茶馆。1995年因新建索道而将其拆除。桥东侧原有一茶庵，毁于日军侵华战争。陶澍也曾为此书匾额和对联，文曰：“风泉清听。”门两侧对联为：“云水漫匆匆，半日闲谈僧院竹；海上还历历，一庵同吃赵州茶。”

九龙桥旁古木森森，绿阴翠微，所以又名“万寿桥”。桥畔有一棵千年银杏，高十四米，径一点五米，围达四点五二米，雌性，树冠硕大，犹如伞盖，遮天蔽日，是省级保护名木。

这棵树天长日久，粗大的根须，挤进桥身，两情依依，难舍难分。关于这棵老银杏，山里人还有一个有趣的传说：从前，有一任海州知州，晚上忽然做了一个梦，梦见一个白衣、白脸、白胡子的老头向他告状，说是山上的和尚出卖他的命。知州问他家住何处，老人说住在花果山九龙桥上。第二天，知州为了弄个明白，就带人来到了花果山，登上九龙桥一看，桥上根本无人居住。知州一筹莫展了，忽然，他发现桥畔老银杏树身上不停地流出树浆，几个木匠架起了大锯，正准备顺着伤口继续锯。他一下子明白了：告状的白衣老人，原来就是这棵千年银杏——老白果树。原来，山上的和尚为了筹集资金修庙，把这棵老白果树卖给了海州城里面的木器铺。知州为此责令和尚，不准再卖这棵白果树，而且要三元宫立下庙规，花果山上所有的白果树都不准砍伐变卖。所以，花果山上古树中白果树所占比例最大，千年以上的白果树就有十棵之多。

第五节　敕赐护国三元宫

三元宫是云台山的主庙，倚山而建，巍然矗立在花果山的玉女峰下，是徐淮地区历史上著名的佛、道二教胜地。三元宫因奉祀三元大帝而得名。关于三元，说法不一。三元最初只是指自然现象，代表日，月、星；后来又逐步神话，说是尧、舜、禹；或是元始天尊的三个儿子。宋代有个叫苗守信的道士上书皇帝，解释所谓“三元”是指上元天官、中元地官、下元水官；天官能赐人福，地官为人赦罪，水官可以解厄运，这是三元大帝见于正史的最早记载。从出土的明代三元庙址中的庙印印文看，

雾锁三元宫（摄影：范永梅）

雪中三云宫（摄影：赵鸣）

“天地水府三元宝印”，说明三元宫祭祀的是天、地、水三官。在修复三元宫之前清理原址废墟时，出土了一块清康熙二十四年（1685）的修庙记事碑。碑中写着：“三元大帝，溯及从来因知：帝父姓陈氏，讳光蕚，唐贞观时状元，诞育三元，圣躬东海……”由此可见，这里的三元大帝，也有可能与《西游记》的唐僧有缘。

三元宫历史悠久，是江苏苏北最大的寺庙之一，有“淮海第一丛林”的美誉，也是连

花果山三元宫春景（摄影：赵鸣）

三元宫一角（摄影：赵鸣）

云港重要红色旅游点。据史料记载，这座庙宇“发迹于唐，重建于宋，敕赐于明”。三元宫东原有大佛寺，旧名大悲庵；宋皇佑四年（1052）在其西侧重修，并更名为“海宁寺”。这是云台前顶最早的有纪年的筑庙记载。三元宫最辉煌时，有殿宇殿堂一百七十余间，僧众数百人，每年淮、扬及鲁南的善男信女们都要到云台山三元宫朝山进香，云台山成为号称“两万家香火”的海内四大灵山之一。现在大殿前还保留着一块圣旨碑，是明神宗万历三十年（1602）九月初六日所颁，碑内容是将皇帝印造的佛《大藏经》布施在京及天下名山寺院供奉。由此可知：云台山三宫庙早就是

三元宫天王殿（摄影：赵鸣）

我国的知名寺院之一。明天启六年（1626），朝廷又令重修三宫庙，朱由校皇帝御笔敕赐三元宫大门额上横匾赐名“敕赐护国三元宫”，三元宫之名始称于世。清朝康熙皇帝下江南，回程途中特派贴身太监五阿哥入庙进香，并手书“遥镇洪流”匾额赐给三元宫，现在这四个字已刻在玉女峰顶北侧。1929年5月16日，中国东海中心县委特支在花果山三元宫召开海属地区党的骨干会议，揭开了连云港地方革命浪潮的序幕。抗日战争中，由于三元宫里的和尚参与了抗日，所有庙宇建筑均被日军炸毁，只有山门底部幸存。宫殿西侧建有义僧亭一座，记录了这段历史。1979年，连云港市政府开始

花果山三元宫远眺（摄影：赵鸣）

三元宫（摄影：李正东）

三元宫的修复工程，这是近四百年来最大的一次重修。1993年，交由僧众管理，主持法师名昌监。今日的三元宫已基本恢复，重现昔日辉煌。

关于三元宫里头供奉的三元大帝如何而来，当地坊间有好多传说。据老辈人讲：三官老爷是玉皇大帝的三个外甥，只不过是凡胎肉身，出生在陕西那个地方。他们兄弟仨乐善好施，专门行好，后来就有了道行，成了仙。老大道业深，管天，就是天官老爷；老二管地，就是地官老爷；老三管水，就是水官老爷。大家全称他兄弟三个叫“三官老爷”。有一年，江苏宝应遭灾了，颗粒无收。为度春荒，挖尽

三元宫藏经阁（摄影：赵鸣）

了野菜，扒光了树皮，最后什么也没得吃了，就连种粮也拿出来度春荒。命是保住了，可赶到种庄稼季节，却没种粮。宝应的土地爷看看不得了，忙去找三官老爷救人命。正好找到天官老爷，就答应下来了。天官老爷驮着种粮赊种给当地农户，并获得了丰收。庄户人为了感谢天官老爷，准备给他修庙。土地爷问三官老爷庙修搁哪里，天官老爷说："等我们各地转转看看，看哪段风水好，再定下来。"三官老爷就分开来，各处去游。这天天官老爷乘云来到东海傲来国，站在云头向下一看，就见这山分三百六十座山头，座座山头上都有瑞气飘摇。天官老爷按落云头，站在前云台山上，就见这七十二峰峰峰险峻，有凤凰、有青龙，真是块宝地！天官老爷心想："住下住下，住下为安，庙就盖在这疙瘩岭吧。"于是，从怀中掏出了个大铜钱，朝琵琶岭上一撂，铜钱钻泥里去了。记号留下来了，天官老爷就放心走了。后来，庙修好了，香火旺盛。三官老爷很感激地方百姓，便尽十二分的力量为这方百姓做好事。加上花果山这一方水土特别肥沃，风调雨顺，出产了奇特的土特产，人们就称这方

屏竹禅院秋色（摄影：李正东）

三元宫秋色（摄影：范永梅）

土地叫“三官老爷福地”；尊称三官老爷为“三元大帝”；三官庙就改叫“三元宫”。

重建后的三元宫基本恢复了原样。山门、前殿、二殿、正殿、自在天以及更高处的团圆宫及玉皇阁等建筑均依山势而建，处于一条中轴线上。新近还建成了罗汉堂、钟楼、鼓楼等附属殿阁。步入殿门内侧，院中两棵千年银杏分列东西，东雄西雌，雄者高二十八米，雌者高二十四米。胸围雄达五点三三米，雌者四点三米。冠幅遮天蔽日，皆有一千二百年以上，属省级保护名木。

在三元宫大雄宝殿上的中轴线上是团圆宫，它位于屏竹禅院东边，与三元宫的大殿、二殿、山门在一条中轴线上。因地势高，显得更加庄严，是三元宫建筑的一个重要组成部分，现在设立为玄奘纪念堂，坐北朝南，原是《西游记》中唐僧一家的“团圆宫”，门前有登堂台阶十七级，喻指唐僧西天取经往返历经十七年。原正殿中，供奉唐僧一家九口，许乔木《云台新志》称它“九圣团圆宫”。神龛中最后一排，也就是最高一层，并排两尊神像，一男一女，是唐僧的父母，父叫陈光蕊，母叫

三元宫五百罗汉堂（摄影：赵鸣）

三元宫大雄宝殿（摄影：赵鸣）

殷温娇；中间一层的一尊是唐僧；最前一排是三尊男菩萨，传说是唐僧的三弟兄，即天、地、水三官；三官身后，各有一尊女菩萨，是三官的妻子。九尊菩萨井然有序，前后四层，是云台山庙宇中独有的。云台山周围的乡民中有句歇后语：“团圆宫菩萨——前一层后一层”，以形容人数之多。团圆宫和三元宫一起于1938年被日军飞机炸毁。团圆宫内留下一块石碑，是明万历三十年（1602）的一块明神宗朱翊钧的圣旨碑，字迹清晰可辨，言赐三元官《大佛藏经》事。这块碑正文刻面清晰完好，篆额完整，在经受过战争炮火的花果山上非常难得。圣旨开头的文字说：“敕谕海州云台山

三元宫前殿（摄影：范永梅）

三元宫钟鼓楼（摄影：赵鸣）

清峰顶三官庙住持及僧众人等：朕发诚心，印造《大佛藏经》，颁施在京及天下名山寺院供奉……”从文中可以知道，皇帝印造的这批经书，是发给全国的名山大庙供奉的。而当时的三元宫就接到了圣旨，领到了经书。可见早在四百年前，三元宫已经是朝廷承认的“国家级”名山寺院。《大佛藏经》一直藏在这里的

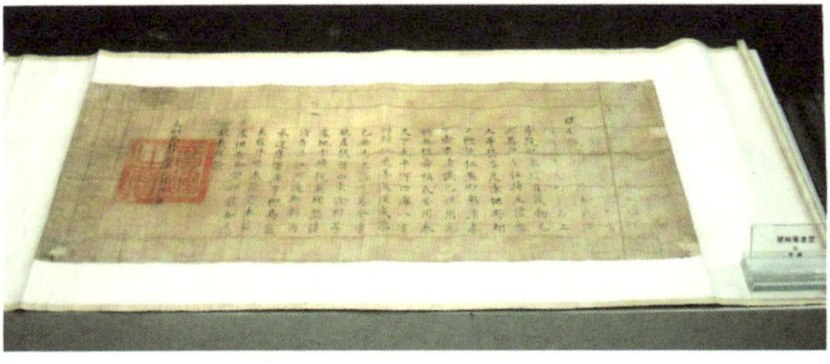

花果山三元宫明神宗圣旨（摄影：赵鸣）

藏经阁上，风风雨雨四百多年。1988年重修宫时，碑移殿内，妥善保存。1995年市旅游、宗教部门将此改名为玄奘纪念堂。原九尊菩萨未塑，改塑唐僧师徒雕像，内藏经楼上，仍存藏有多卷佛经，以及唐僧穿过的袈裟和用过的禅杖。壁上对唐僧的身世，取经路线，作了介绍。

三元宫中轴线的最高处是玉皇阁，为三元宫建筑群当中最高的一处建筑。它与三元宫、团圆宫一样，都是依山而筑、坐北朝南，在一条中轴线上，是在原来玉皇宫的遗址上建起来的。按照史料记载，玉皇阁作为三元宫古建筑的组成部分，可以追溯到1587年。如今建造的玉皇阁，是一个三层六角亭阁，高二十四米，门额上的石刻匾额是在炮火中侥幸留存下来安上的。

屏竹禅院是三元宫最具文化特色的偏殿之一，因掩映在翠绿的金镶玉竹丛中而得名，位于团圆宫西侧，是三元宫建筑群中最为清幽的一个处所。它以丛竹为屏，中筑有一禅院；院内廊回数折，有庭园多处，雅室月门；西南角沿庑廊可登望月亭；大门上有“屏竹禅院”四

三元宫（摄影：赵鸣）

字，魏碑体笔势挺拔庄严，人称“西竹园”；一些志书上称为“松风殿”；也有称“好生堂”，或“屏竹社”。“屏竹松风”是清云台山二十四景之一。屏竹禅院是一个景群，它包括邮票亭、金镶玉竹林、惠心泉和禅院，这四者互相联系，缺一不可。禅院是整个景群中的主体，使自然景观和人文景观融为一体，交相辉映，成为花果山中的一个重要景点。清乾隆年间的常建极曾为屏竹禅院写过一副对联：“世外凭临，一面峰峦三面海；云中结构，二分人力八分天。”就是对这里的最好写照。相传屏竹禅院是三元宫的高僧接待贵客的地方。吴承恩有一个舅舅叫胡琏，时任海州州官，故而传说吴承恩正是在屏竹禅院里创作了《西游记》。屏竹禅院为明代谢淳舍家开山时所建，后遭日军焚毁，仅存院门。1984年，政府拨款重建。

屏竹禅院院门前有一口惠心泉，泉一井两眼，代表着珠联璧合、心心相印。“惠”就是送给你的意思，你把心送给我，我把心送给你，两个人站在两个井口，在水中可以互相看到对方的影子，其泉水还特别甘甜。据介绍，花果山云雾茶条索紧固、茶苗挺秀、香高持久，是绿茶上品，冲泡时用惠心泉的山泉水为最佳。这堪称是花果山茶道中的双绝。

在屏竹禅院内饮一杯用惠心泉水冲泡的云雾茶，的确另有一番情趣。这里的南花厅是品茶的好地方，曾接待过胡耀邦、李鹏、谷牧等党和国家领导人。该处得惠心泉水之益，竹林之幽，奥妙的茶艺在这里被展示得淋漓尽致。小院虽是封闭的整体，但又通过望亭打开了辽阔的眼界，把大自然引入园中，可算是“秀才不出门，能看满山景”。

屏竹禅院下侧山道旁是义僧亭，是1994年为纪念抗日战争期间英勇牺牲的云台僧人而

惠心泉（摄影：赵鸣）

建。亭额有“义僧亭”三字，亭内有纪念碑一块，碑前刻“云台山爱国僧众抗日纪念碑”十二字，均系已故全国政协副主席、中国佛教协会会长赵朴初先生所书。纪念碑后刻《云台山僧众抗日纪念碑记》卜文，共九百零七字，由市文联副主席彭云为文，书法家周庚如书写，记录了1938—1939年间，乡内僧众抗击日军的英勇事迹。离义僧亭不远，三元宫东长生殿旧址立有“日寇轰炸三元宫遗迹纪念碑”，是1995年纪念“8.15”世界反法西斯战争及中国人民抗日战争胜利五十周年时所建，碑座高五十厘米，以示胜利五十周年，碑加基座高一点九三八米，以示日军轰炸三元宫时在1938年。

第六节　最具魅力的七十二洞

说到花果山七十二洞，人们马上联想到洞洞出妖精的《西游记》神话故事。而现实中的七十二洞的确也是怪石嶙峋、高深莫测。穿过山中清幽的林间小径，绕过几块险峰巨石堆砌起来的照海亭，就到了神奇怪异的七十二洞。

这里自然洞穴随处可见，难以计数。地方志书上称作是“大洞小洞、奇洞怪洞、洞连洞、洞套洞”，令人神往。其实七十二洞是虚指，只言洞穴之多，取自佛经中的吉利数字。据说在若干万年之前，这儿曾发生过猛烈的地壳变化，导致山体错位，巨石崩落，从山顶滚落，在此处交错垒叠，形成无数个自然洞穴。后又经历代僧人整理加工，七十二洞由此而生，成为十分奇特的景观。

花果山七十二洞中，最负盛名的除了水帘洞外，当数位于水帘洞东二百米处的海天洞。海天洞由晚清和尚净澄的徒弟悟五设计建成，故又名“悟五洞”。而环瀛仰镜西、海天

水帘洞（摄影：李正东）

水帘洞（摄影：范守梅）

洞南，有一洞，门楣上镌“二仙洞”三字。传说有两位道人在此洞内得道成仙故称。也有人说，这里的“二仙”就是《西游记》三十五回平顶山僧魔斗法中的“金、银”二仙。此外，还有朝阳洞。它又名“朝云洞”，在花果山三元宫东南，“一线天”下面，洞口朝南，东西长约七米，可容十余人。清末民初，为三元宫方丈厚庵和尚修炼处。朝阳洞的洞口，镌“朝阳洞”三字，虽战乱不断，此洞尚存，题勒也完好。正如张百川在《朝阳洞记》中所云：“阿房宫三百余里，铜雀台二桥横空，不如朝阳洞千古长存。”在海天洞旁，还有白云洞、二仙洞、伏龙洞、万佛洞、啸云洞和猴王洞等。过去，这些洞中大多供有佛像，是香客们进山朝拜的处所。还有不少洞依照民间传说而命名，如无底洞、狐妖洞、鹿妖洞、马猴洞、元帅洞等，这些洞名与《西游记》中“七十二洞，洞洞有妖精”的说法相吻合，给游人钻洞观赏增添莫大的趣味。只不过是吴承恩将七十二洞搬上了西天遥途，给唐僧西天取经设置了层层磨难，也给孙悟空大显神通提供了用武之地。

小蓬莱（摄影：赵鸣）

七十二洞（摄影：李正东）

这里我们不能不提孙悟空的老家水帘洞。它距离玄奘纪念堂向东不足十五米，是个自然形成的洞穴，背风向阳，洞口呈“人”字形，洞上方的崖壁上，镌刻着“水帘洞”三个隶书大字。涧水从崖顶上渗滴下来，如串串珠帘，从洞顶垂挂而下。洞内有一泉眼，井水清澈甘洌，多年来从不干涸，名曰“灵泉”。老百姓传说它是入海口，俗称海眼，这与吴承恩描写的“远通山脚之下，直接大海之波”有异曲同工之妙。书中说孙悟空就是从海眼中进入东海龙宫，借来了定海神针——金箍棒。水帘洞洞壁四面都是巨石，洞内可容几十人。《西游记》中描述道：“一派白虹起，千寻雪浪飞。海风吹不断，江月照还依。冷气分青嶂，余流润翠微。潺湲名瀑布，直似挂帘帷。”近年来，当地管理处又将此洞深凿了一百多米，形成了上下水帘洞，使之成为名副其实的“刮风有处躲，下雨好存身。霜雪全无惧，雷声永不闻”的绝好去处。

“水帘洞”这个名字并非是吴承恩所创。明代海州人张朝瑞在《云台山三元庙碑记》中明确地提及水帘洞这一名称，并说水帘洞是当

墨香小径（摄影：赵鸣）

飞泉瀑布（摄影：李正东）

墨香小径内题刻——海角胜境（摄影：赵鸣）

时游客必访之地。张朝瑞与吴承恩为同时代人，吴承恩笔下的水帘洞，很可能就是受此洞名称和情景启发而创作出来的艺术典型。云台山上还有几个水帘洞：一个在宿城的滴水崖。那里长瀑高悬，水声如雷，景色与这里又不相同。另外还有两个分别在渔湾和云中涧，一个叫“藏龙洞”，一个叫“天泉瀑布”，都是依山面海，与《西游记》中的描述极为相似。这些水帘洞都可能是吴承恩笔下水帘洞的原型。在中国被称为《西游记》“水帘洞”的地方比比皆是，有人粗粗估算了一下有近四十个“水帘洞”。较有名气的地方是浙江雁荡山、福建武夷山、广州白云山、四川宜宾、神农架、贵

盘丝洞（摄影：赵鸣）

花果山小径（摄影：赵鸣）

朝阳洞（摄影：赵鸣）

州花溪等地的水帘洞。尽管，名字相同，可是精气神则相距甚远，而且不在海边。

水帘洞四周题勒、石刻异常丰富。洞前的崖壁上，有明代海州知州王同所书“高山流水”题刻，还有“神泉普润”、“灵泉”等石刻，很好地烘托出“水帘洞”的意境。此外，较为著名的还有“印心石屋”摩崖石刻。此石刻位于水帘洞西，为道光十一年（1831）道光皇帝亲笔所书。原系赏赐太子少保两江总督陶澍家书室名称，后人为纪念陶澍修缮云台山的功绩，便将御书“印心石屋”刻于水帘洞旁。今天“花果山福地，水帘洞洞天”已成了中外游人必访的胜迹。

第七节　照海亭·大圣佛

照海亭是花果山不可多见的景点之一。它位于水帘洞东南侧三百米处，是一处洞、亭、水、石巧妙结合、浑然一体的园林景点。该亭建于1903年，是原三元宫老方丈，法号叫“悟五”设计建造的。他借化募之机，遍游名山古刹，学习营造法式，年岁高后退居在这里，垒砌石阶相连，形成了一个七十二洞的最大洞“海天洞”。洞内“或凸或凹”、“或攲或侧”、“窅渺幽深”、“可卧可坐”，像一座有客堂、有内间的房子。游人入洞，简直怀疑自己“不在人间”了。因此，许多来这里游览的文豪在洞对面、洞附近的石壁上题下了“别有天地”的赞词。在洞顶建造有四面双层孤亭，定名为“照海亭”，取面临大海的意思。照海亭分为两层，结构特殊，无柱楼阁，飞檐飘逸，顶面金黄。登亭伏窗远眺，群山诸峰一览无余，涧树岩花尽在足下。照海亭四周还有许多石刻，“洞天福地”“恩光普照”“名山福海”“云台胜境”“别有洞天”“海天一览”，皆出名家之手，为书法珍品。

花果山照海亭（摄影：赵鸣）

照海亭上侧三十米，有一尊大圣佛，是孙悟空成佛后的雕像。该雕像新雕于1985年，由雕石工艺师利用山顶部自然山石，采用虚实结合手法雕成。整个佛像体态硕大无比，身高七点二米，其中头高二点八米、宽一点七米，身披袈裟，双手合拢，雍容大度。人们拜见大圣佛需先登上五十八级台阶，再登上九级台阶方能至第二个平台拜佛。大圣佛火眼金睛，一副猴面，端坐在一块巨大的神台上，遥望着南方。大圣成佛的故事在《西游记》结尾处提到：唐贞观十六年（642），唐僧带孙悟空等由西天取经归来，携真经三十五部，计五千零四十八卷。大徒弟孙悟空原东胜神州傲来国花果山水帘洞人氏，因大闹天宫被佛祖困压西番两界山石匣内，蒙观音劝善，情愿皈依，随西去又东回，吃尽千辛万苦，已感佛心，归于佛教加升为斗战胜佛，意为好斗善斗，凡斗必胜，乃正义之神，常胜之神。中国民间和海外有许多信奉孙大圣者。每年台湾都有好多进香者归来时都会到花果山朝拜孙大圣者，烧香膜拜，一睹尊容。他们认为孙大圣善于降妖伏魔，所向无敌，能够助人消灾除难，保佑全家平安。

照海亭左下方有一块1921年的刻石——“云天深处”。就在这块刻石的正下方，有一面小石鼓，大约十厘米直径的鼓面，以掌击之，似拍打手鼓之声；以指节叩之，又似敲木鱼之音，人称“聚将鼓”，传为当年孙悟空抗击天兵天将的战鼓。这面天然石鼓的形成，是石壁内有空隙所致。

环瀛仰镜是在照海亭东侧十米处，原是两江总督陶澍题写的匾额，悬挂在三元宫康熙皇帝御笔“遥镇洪流”一边。“环瀛”指普天下，“仰镜”意为抬头看到天上的镜子。当时的意思是一语双关，既歌颂了三元宫，又表达了对康熙皇帝的景仰之心。环瀛仰镜摩崖右上角有一段石英矿脉，好像扶摇直上的白云，民间传说那是孙悟空驾的“筋斗云”。石头旁还有一棵百年老树，原本是一棵柿子树，后经庙里和尚精心嫁接，竟开出三种花，结出三种不同的果：一种是黑枣，又称软枣；一种是扁圆形的盖柿；还有一种是圆形的牛心柿。

照海亭东十余米处，山石颇多，千奇百怪，形态各异，参差垒叠。毗连的、紧挨的、相互亲昵偎依的，形成一处非凡奇特的人间仙境。唯有一块孤石，四无连接，突兀其间，犹如众星捧月，恍若茫茫大海中的一座孤独的小山峰。就在这块孤石上，有题刻“小蓬莱”三字。据说，这里的“小蓬莱”与连云港当地另一部小说《镜花缘》紧密相关，是《镜花缘》中主人公隐居遁世的处所。

小蓬莱再前行十米，一块巨石横陈面前：它高五米多、宽七米多，中开一缝，缝中夹着一块一米多长的椭圆形石块。卵石半悬空中，欲落而止，似乎是从天外飞来，又似从大石中迸出，石上镌有“娲遗石”三字。一说：古时大雨霖霖，天下洪水滔天，波浪滚滚。老天到处都是裂缝，眼看就要塌了下来，玉皇大帝派女娲炼五色彩石去补天。女娲接受任务以后，在大荒山上炼了三万六千五百零一块石头补天。天补好了，还剩下一块没地方用，拾起来一扔，一下子落在了东海边上的傲来国花果山上，把一块大石头砸开了条缝，自己却嵌在缝中，所以人们一直称之为“娲遗石”。又一说：女娲扔在这里的一块五色彩石，由于日月的照射，风雨的养育，历经三万八千年，忽然炸开出一个石猴，有鼻有眼，有手有脚。这个石猴就是大闹天宫的孙悟空。《西游记》这样说……那座山正当顶上，有一块仙石，其石有三丈六尺五寸高，二丈四尺圆，上有九窍八孔。四面更无树木遮阴，左右倒有芝兰相衬。内有仙胎，一日迸裂，产一石卵，似圆球样大，因见风化作一个石猴，五官俱全，四肢齐全。而现在的娲遗石顶部有一个仰面向上的石猴头，而其右上方的那块石头，是个十分形象的猴头，它突出的额头，尖嘴瘦腮，惟妙惟肖，栩栩如生，正温情地吻着娲遗石。据说这就是当年孙猴子成仙后脱下来的凡胎，与吴承恩笔下石猴出世的仙苞十分相似。《东海志》中曾有过这样的记载："惟女娲之炼石，化五云而补天，遗瑶台之一片，忽吹堕于海边。"这说明了女娲补天的娲遗石与孙悟空出生的关联。倘若你驻足于奇异的娲遗石下，它会引起你奇妙无比的联想。来参观的游人从这块娲遗石、半边石卵和两个猴头，就可以看出这个地方对吴承恩写《西游记》该有多大的影响。事实上，机智神勇、战无不胜的美猴王孙悟空蕴涵着中华民族与时俱进、追求创新的精神，深受中外游客的喜爱。在2008年奥运会申请吉祥物的过程中，连云港市人民政府率先提出让美猴王孙悟空成为奥运会吉祥物。尽管最终未能入选，但在奥组委从世界上征集的六千多件作品中，美猴王题材占有较大比重，且在最后一轮入选的吉祥物中，连云港市李白先生设计的美猴王榜上有名。可见其广泛的群众性和影响力。

小蓬莱北有“阿耨达池”题勒。“阿耨达”为佛学名词梵语的音译，意为“万水之源”，是通向五江四海的“仙池”。传说天上的仙女常来这里洗澡，孙猴子出世后在里面撒了泡尿，污染了池子，她们便再也不来了。现实世界里的“阿耨达池”，在西藏南部的普兰县内，是我国海拔最高的淡水湖之一。不少佛教寺院都建有此池，花果山有此“阿耨达池”自然是理所应当的。

第八节　山中刻石多故事

花果山中怪石嶙峋，刻石众多，是花果山文化的精髓所在，一块块石头都会讲述自己不

天然碑（摄影：李正东）

同的故事。

花果山半山腰有一块天然碑，突兀于地面之上，壁立于绿阴之中。其侧有一块石块顺着文理滑落的天然石板，成为天生的碑石材料，且厚度均匀，所以叫作“天然碑”。上世纪60年代，其面南向阳一面又镌刻上了“花果山”三个字，隶书体势，字径一点五米，所以又名“花果山题名碑”。

在刻石东留有花果山中最大的一块古代摩崖，也是所刻碑文字数最多的一块石碑。它长约四米、宽约二米，上镌刻着万历十三年（1585）年间海州知州唐伯元的《游青峰顶记》，全文一千五百四十一字，今尚保存完

怪石园入口（摄影：赵鸣）

仙砚（摄影：李正东）

好，字迹清晰可辨，距现在已有四百多年的历史。《游青峰记》记载了游人冬天十月初四的一次出游经历。早晨他们乘船过海，风大浪急，七里路的海峡从早上走到正午，一行人游了大村、飞泉、朝阳庵等地后，再攀登青峰顶。游记中除了对花果山风光描述之外，还记载了当天正是作者的生日，他先向峰顶敬酒，再向大海敬酒，为自己的父母祝寿，取“福如东海，寿比南山”的意思。

天然碑近旁有一块巨石，呈扁圆形，卧地朝天，顶面四边高，中间凹，形似一块研墨的砚台，上刻“仙砚”二字。砚中有水常年不干，传说为明代文学巨匠吴承恩来花果山就是

怪石——大鹏蔽日

用这石砚研墨作书，写成名著《西游记》的。坊间流传吴承恩来花果山开始写的不是《西游记》，而是《禹鼎记》，都是讲述神鬼妖魔等故事。有一天，吴承恩因多喝了几杯酒，昏昏沉沉，不知不觉地在水帘洞里睡着了。这时来了一群山猴子，七蹿八跳，看一老头子的身旁有一本子，乘他酣睡时翻开一看，写的尽是神鬼一类故事，一个个都来了气，七嘴八舌地说道："咱这花果山里，该咱们猴子当家，就是老虎咱也不把它放在眼里。这个不知趣的老头竟写些乌七八糟干什么？"说罢拾起来扔了，被风吹得满天飞舞，后来落在山后，变成一块如书一样的崖石，人们称它"万卷书"；把吴承恩用的笔也给扔了，一下落在后山顶上，插入土中，笔变成了山那边柳河的"文笔峰"；这块大砚台，一个猴子扔不动，几个将它抬起来一起扔，好不容易扔在这儿，成为今天的"仙砚"。吴承恩醒酒后一看文房四宝不见了，到处找也找不着。昂首望山坡，猴子们向他吐舌挤眼，又叫又跳奚落吴承恩。吴承恩这才知道是猴子搞的鬼。于是下决心写一本以猴子为主人公的书，从而才有《西游记》问世。

怪石园（摄影：赵鸣）

为展现花果山的人文墨宝，1994年当地新建了一处新景点。它深藏于绿阴幽深之处，处处翰墨弥香，是一座天然艺术碑廊。它融自然美与艺术美于一体，半人工，半天成，为国内一绝。所有刻字的碑石皆非人工打制，没有统一规格，根据各天然石之形状及石之灵气，刻上了我国知名书法大师的书法作品。这些墨宝，是1981年公开征集的，共收应征作品千余件，入选该书的有三百八十五件，都是国内名家作品。这里采用的有整幅楹联，也有撷取其中精彩的几个字，共一百余块。内容是赞美连云港，歌颂花果山。字体有真、行、草、魏，形体各异，风韵不同；名书精刻，不胜枚举。这里是集仙境、画境、诗境为一体的翰墨艺圃，令人叹为观止。

在这些翰墨之中，最具名声的是在花果山照海亭南去不远一块巨大的摩崖石刻上的毛公碑。它是1993年为纪念毛泽东主席诞辰一百周年而设计雕刻的。毛泽东先生熟读古书，曾多次谈及连云港花果山，认为这里的云台山是吴承恩《西游记》笔下的花果山原型。碑上的字是由连云港市书法家陈凤桐先生集字而成，

神字王（摄影：李正东）

每字约有一点五平方米，分五行。前后配有说明，记载这句话的由来，再由原市雕塑工艺厂的雕刻师用一个多月时间雕刻在一块面积为一百多平方米的崖体上。1993年12月23日竣工，12月25日对游人开放。

在花果山东秃龙沟西岸的一块崖壁上有个“神”字王。它如同巨神仰卧，身高三十九点四米，身宽十八点八五米，深零点六米，是世界最大的单体汉字摩崖石刻，1996年入选吉尼斯世界纪录。该字选自唐代书法家怀素草书，字体潇洒飘逸，“神”韵十足。刻好的这个“神”字在一块滑皮崖上，方方正正，整齐划一，间架笔画，神韵依然；朱红色的大字，分

中国最大的汉字——花果山“神”（摄影：赵鸣）

怪石——佛手石（摄影：赵鸣）

怪石——白骨精（摄影：赵鸣）

外显眼。“神”字笔画奇大，宽处近两米；竖横撇捺，如沟壑；一点如水塘；远眺则蔚为壮观，能完整欣赏怀素草书的神韵。由于“神”刻在石壁上，在地面上不易观看，风景区从唐僧崖向南专门修筑一条青石板路和一个“观神台”。沿路峭壁悬崖上刻有一百个“神”字，皆出自名人之手，行草隶篆，形体各异，颜柳欧苏，神韵不同，有大有小，或面南，或面北……全涂红漆，山民称之为“神路”。沿“神”路去“观神台”，观“神”字王，顿然让人感悟《西游记》的神秘和浪漫。

说到花果山的怪石不能不提在唐僧崖西部的怪石园。它将《西游记》神奇传说、人物与

怪石——燕双飞（摄影：赵鸣）

怪石——如来佛石（摄影：赵鸣）

怪石——仙卵石（摄影：赵鸣）

山中的石头联系起来，经过揣摩、发掘、整理而建成的。怪石园的绝妙之处就在于园中的人物都在似与非似之间。这些怪石藏于路旁、树下、竹中、藤里，忽隐忽现，如妖似怪。怪石园门口，有四块怪石相依，谓“西游四圣”，依次为孙悟空、沙和尚、猪八戒、唐僧，他们是这里的主人。前行路边一块陋石上刻着“白骨精”字样，仔细端详一会似村姑，一会是老太，一会又是老头，说是什么就像什么。有两块石，一高一矮，叫“孙猴拜师”。还有一块怪石卧地，长十六米，叫“上山虎”，细看，挺肩曲背，回首长啸，活似山中王。距上山虎不远处一块怪石，说是“杨二郎哮天犬”，它在胆怯地看着“上山虎”而不敢向前。还有一块叫“佛手”，是孙悟空翻一溜筋斗也未能翻出的如来佛的手。园中还有娃娃猴、玉兔拜月、紫燕双飞、大头佛、千年老曹、独角兽、千年老鼋、太上老君、醉仙石、牛魔王等等令人目不暇接。看一看石上字，根据字思其形，再仔细看一看石，充分发挥您的想象力，观摩思量，妙趣横生。

第九节　“江苏第一高峰”——玉女峰

玉女峰是花果山风景区的主峰，位于前云台山中部，海拔六百二十四点四米，是“江苏第一高峰”。玉女峰名字源于道教人物，据说道教中玉女是诸神之一，月夜常常站在石头上吹箫，类似于西方的艺术女神；当地人传说是因为山峰在阳光照耀下，如亭亭玉女立于山巅，故称玉女峰。峰顶北侧刻有1691年康熙皇帝御书石刻“遥镇洪流”，该题刻取自于当年皇帝赐予云台山三元宫的金匾。从2006年开始，国家测绘局对全国十九座名山的高程进行了重新测绘，并于2007年5月正式公布了新的高度。连云港云台山玉女峰排位第七。由于玉女峰的高程发生了变化，连云港市将重新设计高程标识。2008年8月8日北京奥运会开幕之日，“吉祥玉女”标志耸立在花果山之巅。

关于玉女峰当地还有一段传奇故事。说天上有两位仙子，一称大嫂，一叫小姑，因想到人间游览，于是悄悄地出了天门，云游九洲十岛，领略人世风光。一日望见东海边上，有三个大岛，于是降落云头，伫立于高峰之上。但见此处群峰耸翠，花果满山，云蒸霞蔚，景色宜人。小姑问大嫂：此山何名？大嫂道：我亦不知何名，但这里花果满山，我们就叫它“花果山”吧，小姑欣然同意。两人各施仙法，在

玉女峰（摄影：李正东）

玉女峰晚霞（摄影：范永梅）

迎曙亭（摄影：范永梅）

山中建一洞府，每日在峰头练剑，在洞中谈经，无忧无虑，过着比天上更好的生活。一日对弈间，大嫂见小姑举子不定，若有所思，便询其故，小姑道：我俩在这里过的是强于天堂的生活，但终需归去，我想要为这里留下点东西，以作赠品，不知大嫂意下如何？大嫂道：这里给予我俩无穷乐趣，理当有所回报，我是想在这儿建一座过海桥，以便来游者免受风浪之苦。你呢？小姑答道：我想建一座通天塔，以便人神交往。大嫂道：如此说来我们不谋而合，那就开始行动罢。小姑道：慢着，我想和你比一比，看谁完成得又好又快。鸡鸣时完

花果山玉女峰飞来石（摄影：赵鸣）

工，谁如不完工谁就变石头。大嫂先是为难，但最终点头答应了。就在那天的一更天，她俩动工了，其初还很顺利，但到了四更天的时候，大嫂把山上可以搬运的石头用光了，心中一急，手一乱，修好的一段三十里长的桥梁塌了。她忙飞回一个山头上一望，看见小姑修的塔已老高了，但也尚未完成，于是她在山顶上学着鸡叫，到处的山鸡也跟着叫了。小姑一听急了，忙把一些碎砖头，运上塔的上层垒成了塔顶。可是因为她两人皆未完成任务，于是大嫂变成了鸡鸣石，到现在还在鸡鸣山的峰顶上；小姑则变成了玉女峰，成为江苏的第一高峰。

玉女峰下三百米处建有天宫中瑶池。它是传说中西王母的仙宫，也是孙悟空大闹蟠桃宴的地方。花果山上的瑶池依山势而掘，尽管地处玉女峰下，海拔在六百米左右，但水终年不涸，验证了民间俗语山有多高、水有多高的自然道理。漫步瑶池边，幻化《西游记》中的瑶池美酒、仙女歌舞和大圣大闹天庭的故事，似同步入仙境一般。

位于花果山玉女峰上迎曙亭，俗称观日亭，是1987年11月10日建成的。此处原建有“望日亭”，1587年又改名建了海曙亭，屡建屡倒，屡倒屡建，终因山风嘶烈，不能免于倒塌。1833年，两江总督陶澍巡历至此，倡导重建海曙亭，并亲自题写楼额，最终也没有逃脱同样的命运。但是从明代开始，清峰顶就成为游人晨起观看日出的最佳去处。因此，1986年起，连云港市园林部门在此处再造海曙亭。该亭全部采用纯白大理石建造，呈六角形，亭高十米，单边长六米，正东方门楣上方刻有“迎曙亭”三字，共用五百余吨石料，为中国最大的全石结构的亭子。该亭结构简洁明快，造型

海曙亭冬天（摄影：范永梅）

玉女峰日出（摄影：赵鸣）

俊秀飘逸，甚为雄伟壮观。从这里观海上日出，看到太阳从海面冉冉升起，万里彤云，壮丽无比。

玉女峰（摄影：李正东）

第六章 花果山人物小传

第一节 《西游记》作者——吴承恩

吴承恩（约1500—1582），字汝忠，号射阳山人，明代小说家。江苏涟水人，后徙淮安山阳（今江苏淮安）。

吴承恩出身于一个世代书香而后败落为小商人的家庭，自幼敏慧好学、博览群书，以文名著于乡里。他少时好奇闻，经常偷偷购买“野言稗史”方面的书，私下阅读，受到民间文学的积极影响。又喜读传奇，从中吸取营养，这对他《西游记》的创作有着重要意义。

吴承恩早年曾希望以科举进身，曾多次赴应天府（今南京）应乡试。然而命运不济，

《西游记》作者吴承恩雕塑（摄影：赵鸣）

屡试不中。他约到四十八岁时，还是一名酸腐的“蓝衫已破”的老秀才。后来还是按照明代科举的常例，老秀才屡试不中举人的，依次排队，由省府学官为他提名朝廷，才补为贡生。以后在同乡名宦李春芳的帮助下，入京候选，结果是“悠悠负夙心，作吏向风尘”。迫于家贫母老，他很不情愿地当了长兴县丞。不久，因耻于为五斗米折腰，遂拂袖而归家乡。后来，又一度担任过品级与县丞相近而为闲职的荆府纪善。晚年归居乡里，放浪诗酒，贫老以终。

关于吴承恩何时创作《西游记》的时期

不可确考，学界有两种看法。一种认为是中壮年所作，即明嘉靖二十一年（1542）；一般认为是晚年所作。不管其出于何时，《西游记》一经问世就在明清小说中拥有最多、最广泛的读者，深受社会各界人士的欢迎，为乡里巷陌的农商人士、妇孺老幼所津津乐道。在国内，《西游记》里的故事先后被改编为京剧和电影《大闹天宫》，后又被改编成电视剧、动漫、游戏等；在国际，被翻译成英、俄、日、德、意大利、西班牙、朝鲜、越南、波兰、捷克等几十种文字，风行世界各地。

关于吴承恩是否来过海州一直是文史界争论的话题。连云港民间认为是来过连云港的。人们都知道《西游记》中唐僧的徒弟是孙悟空、猪悟能、沙悟净。然而，关于唐僧的真正徒弟是谁，在民间还有另一种说法。相传大唐朝贞观年间，唐太宗李世民下诏书，派唐僧去西天取经。临行前，唐僧物色了两个人准备收为徒弟，他们一个叫园测，一个叫窥基。窥基是当时朝廷大将尉迟恭的侄子，名叫尉宏道，因他聪明过人，文才出众，被唐僧看中了，想把他收为弟子。一天，唐僧来到尉家府上，见到尉宏道以后，便说出了自己的主张，不料遭到尉宏道的拒绝。唐僧思贤若渴，一连几天不愿离去。贪恋荣华富贵的尉宏道没有办法，竟提出了三项苛刻的条件：一要婚娶妻妾，带一车美女进寺；二是不忌腥荤，入寺要带两车鱼肉；三要享乐显富，再带三车金银珠宝。要求唐僧应承，否则绝不进寺。唐僧却全部答应下来。这一超乎寻常的举动，使尉宏道感动得热泪盈眶，他收回了三项无理的条件，当即跪下说："师父在上，受徒儿一拜！"从此，授法名为"窥基"。而园测则是当时朝鲜国王的孙子，名叫金达，由于貌不惊人，唐僧起初低估了他，讲经时不让他听，金达便买通了看门的人，偷听唐僧的经文，竟然取得了惊人的成绩。这才受到唐僧的赏识，收他为二弟子，取法名"园测"。唐僧收了这两个徒弟后，把自己的经道全部讲授给他俩，还送他们到少林寺习武。由于他们刻苦勤学，成了名噪一时的文武全才。后来，窥基和园测保护唐僧从西天取来了真经。回朝后，唐僧还专程来到故里海州看望过一次亲人。据说，现在陕西省的少陵原畔兴德寺内，还有唐玄奘师徒的三座墓塔，墓碑上还刻着他们的姓名和经历呢。

吴承恩的《西游记》为什么源自连云港花果山一直是国内外诸多学者研究和读者阅读后希望明晰的问题。事实上，吴承恩“先世涟水人”，他的祖居之地在汉代与海州的前生朐县同属东海郡。宋、金时期，涟水多次归属海州管辖。到了明清，海州长期属淮安。所以，吴承恩在他的文集中一再称自己是“淮海浪士”。这个淮海既包括淮安，也涵盖海州。另据史料记载花果山的三元宫历来是苏北道教的发源地之一。每年正月十五云台山三元宫都要举办庙会，其规模之大，人数之多，皆非其他地方可比。明清时，香火最盛时可达“两万家”。而来自淮安板闸和涟水地方的香客约占一半以上。据推测，吴承恩很可能多次作为香客来花果山游览。据传，他还曾帮助编辑《淮郡文献志》，对全书进行“商评校对”，熟知海州地方风物和民俗。此外，吴承恩还是《隆庆海州志》主编和校对，同陈文烛和裴天佑交往密切，海州地区的沭阳人胡琏是他的老师和舅辈。因此，吴承恩借助海州地方的花果山原形，写出了《西游记》传世巨著就顺理成章了。此外，吴承恩的诗文颇多，但是多散佚，有后人辑集的《射阳先生存稿》四卷存世。

第二节 海州地方名人——陶澍

陶澍（1779—1839），字子霖，号云汀，清湖南安化县小淹乡人，自称桃花渔者，印心石屋主人，晚岁自称髯樵。从小勤奋好学，1802年进士，任翰林院编修后升御史。曾先后调任山西、四川、福建、安徽等省布政史和巡抚，后官至两江总督加太子少保。道光皇帝曾亲书“印心石屋”匾赐之。1839年6月病逝于南京。

陶澍为官二十多年期间，在除恶安民、抗灾救灾、兴修水利、整顿财政、治理漕运、倡办海运、革新盐政、整治治安、兴办教育、培养人才上做出了较大贡献，且著文赋诗，造诣不浅，书画兼长，为后代留下了不少佳作，著有《印心石屋诗抄》《靖节先生集》《陶文毅公全集》传世。

在他为官过的地方，民间流传着不少故事。在陶澍任两江总督兼两淮盐政官时曾经两次来连云港视察盐务和海防，并留下了许多碑刻和文章。在花果山水帘洞的上方，刻有“印心石屋”的字样，这是道光皇帝赐给陶澍的，可见陶澍当年对水帘洞的青睐。陶澍在巡视云台山时，到了东磊的延福观，这里刚经过修复，内设有一处玉兰山房。看到春花烂漫的情景，欣然题楹联一副于玉兰山房：“奇石似人花下立，仙人如鹤竹间来。”这一诗句佐证了延福观内千年古玉兰树的历史。在花果山照海亭内侧留下的《海曙楼铭》碑刻，史载也是陶澍所做。作者独抒胸臆，讴歌了中华山川的高远和花果山日出的壮美。特别是说明了云台山日出之美，是因为四面皆海，描述了当时花果山的地理状态和看日出的神奇情景；同时，也见证了陶澍当年才华横溢，壮志凌云的风采。

第七章 重读《西游记》

旅游与文化，久结情源。山水花木，亭阁泉石，一旦喧以文采，便平添几分光泽。江苏历来人文荟萃，景点众多。既有“夜半钟声到客船”的寒山寺、“烟花三月下扬州”的瘦西湖，更有“潮打空城寂寞回”的金陵石城，但只有来连云港花果山，才能欣赏到货真价实的《西游记》。

记得1982年举办了一次全国性的《西游记》纪念活动。全来自全国二十二个省市、九十五个单位的一百三十七名研究《西游记》的专家、学者汇聚江苏。他们先在淮安举办了“纪念吴承恩逝世四百周年”的活动，紧接着来到花果山下的连云港开了一个“全国首届

玉皇阁（摄影：范守梅）

上天梯（摄影：范永梅）

《西游记》学术讨论会”。他们中的许多人大半辈子研究《西游记》。通过实地考察和对一些文物资料的考证，他们一致认为：连云港云台山中的花果山，是吴承恩《西游记》中的“正宗”取材地。在此后的时间里，江苏省和连云港市举办了近十次全国性的《西游记》研讨活动，连云港市还成立了《西游记》文化研究会，淮海工学院设立了江苏《西游记》文化研究所。全国的专家、学者几乎每年都会对《西游记》进行专题研讨，出版了大量学术研究专著，从文学、民俗学、语言学、生态学、版本学、植物学等多重视角对《西游记》进行了深入细致的研讨，连云港花果山总是享受着终生正版的称号。

游览花果山，慢慢品味那浸透在山林中关于《西游记》和作者吴承恩的故事和传说，观赏着老君堂、南天门、三元宫、水帘洞、猴石、八戒石、娲遗石、如意金箍棒……现实中的此情此景、山间风物，令人睹物思人。我们不禁想到吴承恩当年挥洒激情、抒写华章的勃发英姿，至今吸引着成千上万的人攀登花果山，重读《西游记》。